LA

GRÈCE TRAGIQUE

CHEFS-D'ŒUVRE

D'ESCHYLE, DE SOPHOCLE ET D'EURIPIDE

TRADUITS EN VERS,

ACCOMPAGNÉS

De notices, de remarques et de rapprochements littéraires,

PAR LÉON HALÉVY.

—

Ouvrage couronné par l'Académie française.

—

TOME TROISIÈME.

Première partie.

LES EUMÉNIDES,

tragédie d'Eschyle.

PARIS

HACHETTE ET Cᴵᴱ, LIBRAIRES-ÉDITEURS,

RUE PIERRE-SARRAZIN, 14.

—

1861

LA GRÈCE TRAGIQUE.

Paris. — Typographie HENNUYER, rue du Boulevard des Batignolles, 7.

LA

GRÈCE TRAGIQUE

CHEFS-D'ŒUVRE

D'ESCHYLE, DE SOPHOCLE ET D'EURIPIDE

TRADUITS EN VERS,

ACCOMPAGNÉS

De notices, de remarques et de rapprochements littéraires,

PAR LÉON HALÉVY.

—

Ouvrage couronné par l'Académie française.

—

TOME TROISIÈME.

Première partie.

LES EUMÉNIDES,

tragédie d'Eschyle.

PARIS

HACHETTE ET Cᴵᴱ, LIBRAIRES-ÉDITEURS,

RUE PIERRE-SARRAZIN, 14.

—

1861

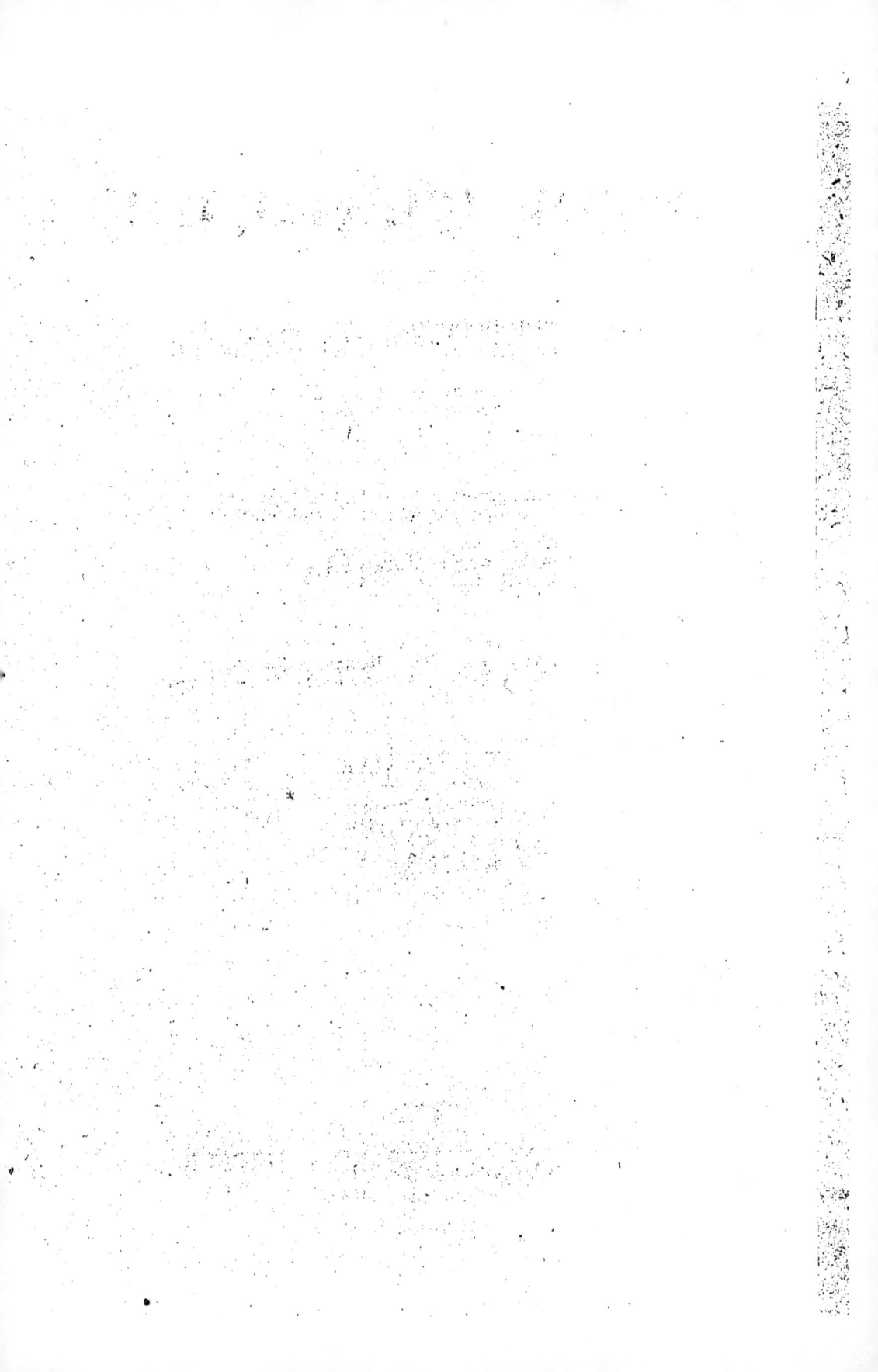

AVERTISSEMENT.

Quand j'ai commencé cet ouvrage, je lui avais assigné d'assez étroites limites, en rapport avec la difficulté de l'œuvre, avec le sentiment de mes forces et les circonstances au milieu desquelles je l'avais entreprise et qui réclamaient impérieusement de moi d'autres soins et d'autres travaux. Comme je le disais dans l'avant-propos de mon premier volume (qui dans ma pensée devait être le seul), par la réunion et le choix de quatre chefs-d'œuvre de la tragédie grecque, traduits en vers et accompagnés d'études critiques et de rapprochements littéraires, je me proposais « de « montrer cette tragédie dans son ensemble, de « la suivre dans ses phases successives, dans ses « modifications essentielles, dans les trois diffé- « rents caractères qui lui ont été imprimés par « le génie si dissemblable des trois grands tra- « giques [1]. »

Ce cadre s'est progressivement agrandi ; une seconde série a succédé à la première, et déjà

[1] *La Grèce tragique*, t. I (AVANT-PROPOS).

deux volumes ont paru. Les encouragements du
public, d'autres encore pour lesquels je me plais
à consigner ici le témoignage de ma reconnaissance, les suffrages de juges bienveillants et com-
pétents, l'attrait du travail et les difficultés
mêmes qui rendent plus opiniâtre à la lutte,
m'ont fait dépasser de beaucoup le but que je
voulais primitivement atteindre.

Mais de cet agrandissement de l'œuvre dans ses
différentes parties est résulté un défaut de proportion dans son ensemble. Il s'est trouvé que,
pour avoir fait dans ces accroissements success.fs
une juste part à Sophocle et à Euripide, Eschyle
n'était plus représenté, dans la totalité de l'ouvrage, que d'une manière insuffisante et incomplète. Je ne pouvais laisser dans cette situation
d'infériorité relative ce grand génie, qui, sans
avoir été le créateur de la tragédie, comme on
l'a dit d'une manière trop absolue et avec quelque exagération, l'a dégagée de ses liens primitifs,
l'a élevée jusqu'aux beautés les plus épurées de
l'art, et l'a maintenue, plus peut-être que ses deux
brillants compétiteurs, dans les régions sereines de
l'idéal. De l'accroissement même du travail nais-
sait donc la nécessité d'un développement nouveau : tel est le motif, je devrais dire l'excuse, de
ce troisième volume. Eschyle, qui ne figurait
jusqu'à présent, dans cette réunion des trois
tragiques, que par sa noble et belle création de
Prométhée, ouvrira cette série nouvelle par sa

sévère et terrible conception des *Euménides*. Dès ce moment donc, il concourt suffisamment à l'ensemble de l'œuvre, à laquelle il apporte ses deux productions les plus philosophiques, les plus morales, les plus hardies, celles qu'il a le plus profondément empreintes de son génie original et créateur.

C'est donc sous l'empire d'une obligation véritable envers mes lecteurs et envers moi-même que je reprends, pour l'achever cette fois, ce voyage à travers la tragédie grecque. Pourquoi n'avouerais-je pas que si j'ai ressenti vivement cette obligation, je l'ai acceptée avec confiance et avec une sorte de joie, bien qu'elle m'imposât la continuation d'une lutte si périlleuse, semée de tant d'écueils? En serait-il des hautes cimes de l'imagination et de la poésie comme de ces montagnes dont le plus faible franchit quelquefois les sommets avec surprise quand il les a contemplés d'en bas avec terreur, et dont l'air vivifiant renouvelle les forces du voyageur, à mesure qu'il s'épuise à les gravir?

Septembre 1860.

LES EUMÉNIDES

TRAGÉDIE TRADUITE D'ESCHYLE.

AVANT-PROPOS

NOTICE SUR *LES EUMÉNIDES.*

Les trois tragédies d'Eschyle, *Agamemnon*, *les Choéphores*, *les Euménides*, forment la seule trilogie complète qui nous soit restée du théâtre antique. Elles furent représentées ensemble, avec un petit drame satirique, complément ordinaire et indépendant des trilogies [1], vers la deuxième année de la LXXXᵉ olympiade, et Eschyle, qui avait alors plus de soixante ans, remporta par ces ouvrages sa dernière couronne. L'enchaînement, la connexion des trois pièces est évidente : *Agamemnon*, c'est le meurtre du malheureux prince succombant à son retour de la guerre de Troie, sous les coups de Clytemnestre et de son complice Égisthe ; *les Choéphores*, sujet identique à celui de l'*Electre* de Sophocle, c'est Oreste, le fils vengeur, meurtrier de sa mère ; *les Euménides*, c'est le fils coupable, poursuivi par les Furies, ayant à répondre du crime commis, du

---

[1] Le drame satirique, joué avec la trilogie d'Eschyle, était *le Protée*, qui n'est point parvenu jusqu'à nous. On a conjecturé que ce petit drame, où il s'agissait sans doute de l'aventure de Protée (le roi d'Egypte) avec Hélène et Ménélas, pouvait se rattacher encore au sujet de *l'Orestie*.

sang de sa mère versé par ses mains, et absous, avec l'intervention et sous l'inspiration des dieux, par le tribunal de l'Aréopage, que le poëte suppose inauguré par Minerve pour instruire et pour juger cette grande cause.

La trilogie d'Eschyle, dont certes l'on ne peut nier la cohésion, est restée célèbre sous le titre de *l'Orestie*, qu'Aristophane lui donna le premier ; elle ne justifie cependant ce titre d'une manière absolue que dans les deux dernières des tragédies qui la composent, *les Choéphores* et *les Euménides*. Aussi le célèbre critique et philologue allemand God. Hermann a-t-il soutenu, par des raisons certainement spécieuses, dans son opuscule sur la composition des *tétralogies*, que ces deux tragédies seules, *les Choéphores* et *les Euménides*, formaient un ensemble, un corps, et il en a tiré un appui pour son système, qui tend à établir sur d'assez nombreux exemples l'existence de *dilogies*, ou tragédies en deux divisions, réunies par l'intérêt d'un sujet unique. On a objecté, en réponse à ce système, que si Oreste ne paraissait pas dans *Agamemnon*, il y était annoncé et désigné. Est-ce assez pour considérer ce personnage comme le lien des trois pièces, et pour justifier l'emploi de son nom comme leur titre commun? Nous exposons ce doute sans le résoudre. Toujours est-il, qu'en laissant à part l'*Agamemnon*, l'*Orestie* (si on tient à ce titre) restera tout entière dans *les Choéphores* et *les Euménides*, et, pour dire toute notre pensée, elle sera, surtout dans l'*Electre* de Sophocle, complétée, comme par un magnifique couronnement, par *les Euménides* d'Eschyle [1]. Quant à l'existence de l'œuvre du grand poëte, comme trilogie, elle est hors de toute contestation, et si le titre d'*Orestie* peut être discuté comme ne lui étant pas applicable dans toutes ses parties, celui de *Clytemnestre*

---

[1] Voyez, t. I, notre traduction de l'*Electre*.

serait justifié sous tous les points, puisque le poëte nous montre dans *Agamemnon* Clytemnestre coupable ; dans *les Choéphores*, Clytemnestre punie de son crime sur cette terre ; dans *les Euménides*, Clytemnestre l'expiant dans un autre monde et venant, fantôme terrible, ombre plaintive, chassée de la tombe, crier vengeance contre le fils qui l'a frappée et qu'absoudra bientôt la justice humaine et divine.

Dans les trois parties de sa trilogie, Eschyle semble avoir craint d'adoucir les sombres et sévères couleurs de son sujet, et même, dans *les Choéphores*, il a presque entièrement négligé, nous l'avons déjà fait remarquer ailleurs [1], l'élément tendre et pathétique dont Sophocle, dans son *Electre*, a fait un si admirable usage. La reconnaissance du frère et de la sœur, qui, dans ce dernier poëte, fournit une scène d'une si touchante beauté, est brusquée, à peine indiquée dans Eschyle ; il semble qu'il ait évité à dessein et comme redouté l'attendrissement de cette émouvante rencontre. Oreste est froid et terrible dans la préparation de sa vengeance, implacable dans l'accomplissement du meurtre ; son cœur n'a qu'un instant de défaillance, qui bientôt s'évanouit à la voix de Pylade : impassible alors sous les coups qu'il porte à sa mère, le fils, qui n'est plus qu'un juge, le juge, devenu bourreau, se glorifie du sang qu'il a versé. Mais cet effort surhumain ne dure qu'un moment ; la lutte entre les sentiments les plus sacrés s'élève aussitôt dans le cœur du coupable ; le remords commence ; déjà les Furies se sont emparées de lui, et quand la tragédie s'achève, nous sommes au commencement d'un autre drame et déjà de plain-pied dans *les Euménides*.

C'est à Delphes que commence la tragédie des *Euménides*. La Pythie est en scène, et dans un court récit elle

---

[1] Voyez t. I, p. 78, notice sur l'*Electre* de Sophocle.

trace à grands traits l'histoire de l'oracle consacré par le culte de toute la Grèce ; bientôt elle entre dans le temple pour se placer sur le trépied prophétique ; mais elle en sort frappée de terreur : elle a vu près de l'autel un homme, un étranger souillé de sang et dans l'attitude d'un suppliant. Tout autour sont des femmes endormies, créatures d'un épouvantable aspect, vêtues de noir, avec des serpents entrelacés dans leurs cheveux. La Pythie s'éloigne et l'intérieur du temple s'offre aux yeux du spectateur. L'étranger, c'est Oreste ; il tient en main le rameau entouré de bandelettes, signe du suppliant, et le glaive avec lequel il a tué sa mère. Apollon lui apparaît, l'encourage, lui promet son appui et lui ordonne d'aller à Athènes implorer la protection de Minerve. Ces femmes endormies, ce sont les Furies ; c'est le dieu lui-même qui les a plongées dans ce profond sommeil pour faciliter la fuite d'Oreste. Le suppliant s'éloigne et le dieu disparaît.

Les Furies dorment toujours : une ombre se dresse tout à coup près de l'autel, pâle et sanglante, le cœur percé d'une large blessure. C'est Clytemnestre : elle reproche avec violence aux Euménides ce sommeil coupable qui a laissé fuir son meurtrier. Elle les maudira, si elles ne s'attachent sans relâche aux flancs du parricide, si elles ne poursuivent sa trace pour le punir et le venger. L'ombre courroucée s'éloigne et les Furies se réveillent. L'apparition de Clytemnestre a troublé leur sommeil, comme un songe terrible. Consternées, désespérées de la fuite d'Oreste, elles se livrent à d'effroyables menaces. Apollon revient ; là s'engage un dialogue d'une grande énergie entre le dieu et les Furies. Elles l'accusent avec véhémence de protéger le parricide, après lui avoir conseillé son abominable forfait. Apollon avec un froid dédain les chasse de son temple, dont elles ne doivent pas souiller la pureté.

La scène change : nous sommes à Athènes, devant le temple de Minerve et la colline de Mars, où fut érigé plus tard le tribunal de l'Aréopage. Oreste, épuisé, anéanti, est aux pieds de la statue de Pallas, dont il embrasse l'autel, et dont il invoque la miséricorde. Mais les Euménides ne tardent pas à l'y rejoindre : elles l'ont deviné à l'odeur du sang ; elles le suivent à la piste, aux gouttes qui, sur son passage, ont rougi la terre. Elles le découvrent enfin aux pieds de la statue : à leurs imprécations, à leurs cris de vengeance, Oreste répond avec le calme d'une touchante résignation ; s'il vient implorer Minerve dans son temple, c'est par le conseil d'un dieu, c'est par l'ordre d'Apollon. Sa force est en ce dieu : il s'est purifié par tous les sacrifices expiatoires ; il a le droit de prier dans tous les temples, comme d'être reçu dans toutes les maisons des hommes ; il appelle Minerve à son secours.

La réponse des Euménides contraste avec la douleur suppliante et résignée d'Oreste : c'est la fureur, la menace dans ce qu'elle a de plus violent, de plus implacable ; là se trouve cet hymne célèbre, ce cantique de mort, qu'entonnent les Furies, sorte d'explosion délirante, que rend plus sinistre encore le retour (si rare dans la poésie grecque) d'un refrain habilement ramené. Vers la fin de ce chœur plein de mouvement et de passion, la fureur des Euménides semble se calmer peu à peu par sa violence même, et les dernières strophes retracent avec une éloquente dignité la sainteté de la mission des Furies, vengeresses éternelles du droit violé et de la justice méconnue.

Mais Minerve accourt des bords du Scamandre : elle a été attirée par le bruit de cette lutte étrange entre le suppliant et les déesses qui le poursuivent. Instruite par les Euménides de l'objet de ce grand débat, elle écoute tour à tour et les plaintes et les accusations des Furies, et les prières d'Oreste qu'elle engage à se défendre. La déesse est incertaine ; elle hésite entre l'horreur du crime et les motifs qui peuvent le justifier à ses yeux ; elle se déclare incapable de décider, à elle seule, de ce procès mémorable ; mais elle va s'entourer de juges équitables ; elle va fonder et convoquer un tribunal auquel sera déférée cette grande cause ; et ce tribunal, qui pour la première fois va siéger dans Athènes, sera l'Aréopage.

Avant de pousser plus loin cette analyse, arrêtons-nous un instant pour faire remarquer que la cause, bien qu'elle soit portée par Minerve devant la justice des hommes, devant ce tribunal de l'Aréopage fondé par elle, semble déjà jugée et gagnée par Oreste devant le tribunal des dieux. Apollon s'est montré le défenseur ardent du coupable, son appui, son guide, comme il a été le conseiller du meurtre : Minerve ne peut cacher sa sympathie pour le parricide, qui promet à Athènes l'alliance d'Argos, sa patrie ; elle se sent émue pour le fils du héros qui commandait au siége de Troie tant de guerriers dont elle protégeait les armes ; bien plus, la terrible et douloureuse apparition de Clytemnestre, ses plaintes, les tortures dont elle fait un si déchirant tableau, les malédictions qui la poursuivent jusqu'au fond de cette tombe où la femme adultère, où l'épouse souillée du sang de son époux, n'a pu trouver le repos, font présager l'acquittement d'Oreste. Dès ce moment, il n'est plus un coupable, mais un vengeur suscité par les Cieux. Clytemnestre le dit elle-même ; elle expie dans l'autre monde le crime qu'elle a commis sur la terre : *l'enfer même la rejette*, selon l'énergique expression du poëte. Ainsi, quand Oreste va paraître devant le tribunal humain où il doit répondre de son crime, on sait que déjà sa victime, sa mère, est condamnée par le Ciel.

Minerve, en s'éloignant pour choisir et convoquer les

juges, laisse en présence les Furies et Oreste silencieux
et confiant. Là se trouve encore un de ces brillants hors-
d'œuvre lyriques, un de ces poétiques intermèdes où
excelle Eschyle. Les Euménides, dans un chœur pas-
sionné où abondent cependant les allusions politiques à
la situation d'Athènes, menacée à cette époque des en-
vahissements d'une démocratie sans frein, déplorent
l'atteinte qu'on veut porter à leurs droits, et l'anéantisse-
ment de toute loi morale, si un crime odieux dont elles
demandent le châtiment reste sans vengeance. Bientôt
reparaît Minerve, avec les citoyens choisis parmi les
plus éminents d'Athènes et qu'elle érige en juges. C'est
là sans contredit la première trace de cette justice civile,
remplaçant les magistrats attitrés, et conquête prétendue
des temps modernes. Un héraut convoque le peuple, au
son de la trompette : les débats vont commencer, diri-
gés et présidés par Minerve, lorsqu'Apollon se présente
comme témoin et défenseur de l'accusé. Il revendique et
maintient son droit, que les Euménides lui contestent en
déclarant illégitime son intervention : les accusatrices
interrogent le coupable ; la lutte s'engage énergique et
vive entre Oreste et les Furies, car l'impassible jury
(nous employons à dessein ce mot) n'est là que pour entendre et juger. Pressé vivement par ses implacables
ennemies, Oreste invoque enfin le témoignage et la parole d'Apollon : le dieu prononce alors une défense,
souvent éloquente, mais mêlée d'arguments qu'il ne
faudrait pas juger selon les idées de notre temps. Telle est
cette différence qu'établit le dieu entre le meurtre d'un
père et celui d'une mère, le tableau qu'il présente de
l'inégalité des droits de l'un et de l'autre à l'affection des
enfants, les causes qu'il assigne à cette inégalité prétendue, causes qui peuvent paraître aujourd'hui bizarres et
choquantes, mais dont la recherche et l'étude occu-
paient, au temps d'Eschyle, une grande place dans la

philosophie et dans l'enseignement. Sans doute, aujour-
d'hui Oreste serait autrement défendu ; il serait aussi
autrement accusé, car l'accusation du fils coupable serait inséparable de la justification de la mère, et nous ne
voyons pas que les Euménides rappellent une seule fois,
pour excuser le crime de Clytemnestre, le sang d'une
fille si cruellement sacrifiée, sous un prétexte pieux,
à l'ambition de la conquête et à l'amour du commande-
ment. Mais il ne faut pas oublier que le caractère religieux des Euménides privait leur accusation de cette
arme puissante. La poésie, l'éloquence, la littérature de
chaque époque ne vivent que d'un fonds commun d'i-
dées générales, de traditions et de faits ; et il faut se gar-
der de juger la poésie ancienne d'après les horizons
nouveaux ouverts à la philosophie et à la morale par
l'agrandissement et le renouvellement progressif des
faits et des idées.

Quand la cause a été ainsi débattue devant les juges,
Minerve ordonne qu'on aille aux suffrages, après avoir
préalablement, dans une magnifique et solennelle allocu-
tion, fait l'éloge du tribunal qu'elle vient d'instituer et
qu'elle présente comme le rempart et le futur salut d'A-
thènes, éloge qui n'était ni sans intention, ni sans portée, dans la bouche du poëte : car à l'époque où ces
vers retentissaient au théâtre devant des milliers d'A-
théniens, ce tribunal fameux, dont il glorifiait ainsi la
destinée, se voyait l'objet des plus vives attaques ; il était
menacé dans son existence, dans ses priviléges, et les
temps approchaient où Périclès, déjà tout-puissant, al-
lait faire plier sous la force populaire, désormais sans
frein, la tutélaire autorité de la loi et de ceux qui de-
vaient la faire respecter.

Pendant que les aréopagites vont tour à tour déposer
leurs suffrages dans l'urne, Apollon et les Euménides
échangent entre eux de brûlantes paroles, d'amères

invectives, et cherchent à agir sur la conviction des juges. Il est curieux de voir comment le père Brumoy, dans l'analyse qu'il donne de la tragédie des *Euménides*, indique et résume cette situation : « Comme les Euménides, dit-il, sentent que *l'air du bureau n'est pas pour elles*, la Furie coryphée lance quelques traits piquants pour intimider les juges. Apollon y réplique... [1]. » C'était ainsi que le théâtre des Grecs était alors jugé et compris ; c'est sous ce grotesque travestissement qu'on le présentait au public français.

Mais il ne reste plus qu'un suffrage à recueillir, c'est celui de Minerve : elle vote la dernière et ne cache pas son vote ; elle met dans l'urne la *pierre blanche*, favorable à l'accusé ; elle, qui n'a pas eu de mère, ouvre en ce moment suprême son cœur, tout à fait sympathique à Oreste, au fils qui a vengé son père égorgé : elle flétrit Clytemnestre et cet adultère couronné par un meurtre infâme. On renverse les urnes ; on compte les voix ; le nombre est égal des deux parts ; d'après la loi athénienne, Oreste est absous.

Pendant que l'accusé, ainsi sauvé, exprime sa reconnaissance à la déesse et aux juges ; pendant qu'il promet à Athènes l'éternelle amitié des Argiens, et qu'il s'éloigne après avoir fait à la cité de Pallas de pathétiques et touchants adieux, les Furies, de leur côté, maudissent ces nouveaux dieux, qui ont détrôné et dépouillé de leurs priviléges la race vénérée des dieux titaniques : elles épanchent contre Athènes de terribles menaces, de fatales imprécations. Minerve leur répond avec douceur, avec une sorte de bonté respectueuse : « L'absolution d'Oreste n'est pas une injure pour elles ; elles n'ont été vaincues que par la loi ; qu'elles restent dans Athènes, elles y trouveront des honneurs et un

---

[1] *Théâtre des Grecs*, par le père BRUMOY, t. II, p. 200 (édition de 1785).

culte. » Les Furies restent insensibles; leur courroux
s'exhale en strophes impétueuses, où revient encore,
comme un cri de rage involontaire et spontané, le refrain, si familier à la poésie moderne et qu'on retrouve,
non sans surprise, dans Eschyle, ce poëte si souvent
précurseur et pour la forme et pour l'idée, malgré sa
primitive rudesse. Mais Minerve, toujours calme et
patiente, ne se lasse pas. Elle appelle à son secours par
une invocation touchante l'éloquence, la sainte et douce
persuasion ; les Euménides cèdent enfin ; elles acceptent
un temple, un sanctuaire dans les murs d'Athènes. Leur
bouche, tout à l'heure implacable et menaçante, n'a
plus pour Athènes que des paroles de paix, des vœux
de bonheur et de gloire : elles seront dignes de ce nom
d'*Euménides* (les bienveillantes) qui leur sera donné un
jour [1]. Un respectueux et brillant cortége de femmes,
de jeunes filles vêtues de pourpre et agitant des torches
allumées, les conduit en pompe à leur nouvelle demeure,
en chantant un hymne d'un caractère auguste et religieux.

Telle est la tragédie des *Euménides,* « œuvre vraiment
singulière, dit M. Patin [2], qui, dans son unité féconde,
avait de quoi satisfaire à tous les besoins de la pensée ;
qui, tout en amusant la foule de merveilleux spectacles,
ou l'agitant de terreur et de pitié, pouvait encore ravir
d'un enthousiasme patriotique le citoyen, plonger dans
la méditation le philosophe. »

[1] Il est à remarquer que ce nom n'est point prononcé une fois
dans la pièce. Quand Minerve les interroge et leur demande leur
nom, elles se donnent celui d'Ἀραί (les Calamités, les Malédictions,
les *Furies*). Mais le nom d'*Euménides* leur est donné par Sophocle,
dans la tragédie d'*OEdipe à Colone* (voyez t. II, p. 169). Ce poëte
fait remonter beaucoup plus haut qu'Eschyle la présence et le culte
des Euménides à Athènes, puisqu'il suppose qu'elles y étaient déjà
vénérées du temps de Thésée.

[2] *Études sur les tragiques grecs* (t. I, p. 355).

En n'admettant que sous toutes réserves les idées de
W. Schlegel sur le symbolisme qui, selon lui, serait le
caractère particulier et saillant du génie d'Eschyle, on
ne saurait nier que l'éminent critique a analysé et étu-
dié d'une manière ingénieuse et profonde la tragédie des
Euménides et toute *l'Orestie.* Il remarque avec raison que,
dans cette dernière partie de la trilogie, dans *les Euménides*, tout l'intérêt des événements qui précèdent, le
drame qui se déroule avec terreur dans *Agamemnon*, les
sombres et terribles émotions des *Choéphores*, se trouvent
rassemblés comme dans un unique et ardent foyer, où
cette puissante action tragique se résume et se concen-
tre tout entière.

Malgré l'apparente intervention de la justice humaine,
et bien que l'Aréopage soit évoqué par le poëte pour
la représenter dans ce grand procès d'Oreste meurtrier
de sa mère, c'est en réalité au tribunal des dieux qu'Eschyle a déféré cette cause tristement mémorable que
la conscience humaine ne peut résoudre ; car c'est aux
dieux seuls à juger un de ces terribles conflits où les
devoirs les plus sacrés se combattent et présentent à
l'homme un insoluble problème. Aussi est-ce bien entrer
dans la pensée du poëte que de voir dans les Furies la
puissance redoutable de la conscience, avec ses pressen-
timents et ses terreurs, aux prises avec la raison qui s'é-
lève en vain pour faire taire le remords : la froide raison
ne peut étouffer le cri du sang. Apollon, c'est le dieu de
la jeunesse, des résolutions extrêmes, de la passion généreuse et irréfléchie, de la vengeance audacieuse et
sans merci. Minerve, c'est la sagesse, c'est la modéra-
tion, c'est la justice. Ces nouveaux dieux, contre lesquels
s'élèvent et blasphèment les Furies, représentent les lois
physiques et morales, se révélant d'une manière dis-
tincte et présidant à l'organisation du monde ; les dieux
titaniques, dont elles déplorent amèrement la chute,

sont les forces mystérieuses de la nature et de l'âme, encore enveloppées de l'obscurité primitive du chaos. Le sommeil des Furies dans le temple, c'est le remords endormi et trouvant un repos momentané dans le sanctuaire de la Divinité. Mais cette trêve n'est que d'un instant, et l'ombre de Clytemnestre, qui apparaît si tragiquement, c'est le réveil du remords. Apollon, doublement symbolique, s'il est d'abord le dieu des représailles terribles et spontanées, redeviendra, dans le grand procès qui va s'instruire devant l'Aréopage, le dieu de la lumière, et représentera les rayonnantes impulsions de l'âme qui résolvent instinctivement les grands problèmes de la justice et du devoir. L'égalité des suffrages, qui semble laisser la question indécise, c'est l'égalité des motifs qui, d'une part, condamnent le meurtre, et de l'autre l'absolvent. Si les lois d'Athènes, en cela conformes à ce que prescrit la conscience humaine, font sortir l'absolution de cette égalité des suffrages, la justice, cependant, par la voix de Minerve, rendra un solennel hommage aux Furies, qui ont pris sous leur sauvegarde ces droits sacrés qu'on ne méprise jamais en vain, et ces liens du sang qu'on ne saurait briser sans crime. Aussi l'acquittement d'Oreste a pour pondération l'asile offert par la déesse aux Euménides sur le territoire d'Athènes : et cette ville, centre glorieux des lumières et de la civilisation des Grecs, si elle absout le meurtre d'Oreste et délivre le fils vengeur, ouvre cependant à la conscience, dont il a violé les droits, un sanctuaire qu'elle veut honorer à jamais.

Les fantômes créés par notre imagination sont souvent plus terribles que la réalité même. Etudié à ce point de vue, le personnage d'Oreste paraîtra encore savamment conçu par Eschyle et composé avec profondeur. Dans les *Choéphores*, à peine a-t-il souillé ses mains du sang de sa mère, qu'il croit que les Euménides lui apparaissent; il ne les voit qu'avec les yeux de la pensée, et tout son courage l'abandonne, et son épouvante va jusqu'au délire. Dans *les Euménides*, il voit en réalité ces divinités vengeresses; il les contemple avec tout leur sombre appareil, sous leurs formes les plus repoussantes, les plus hideuses; et il reste calme. C'est qu'il s'est écoulé du temps depuis le meurtre; les premiers déchirements de la douleur, les premiers soulèvements de la conscience se sont apaisés; ils ont laissé place à une généreuse indignation, au souvenir du père qu'il a vengé. Oreste est arrivé à cette période où le coupable d'un grand crime qu'un impérieux motif peut justifier, qu'un pieux entraînement peut absoudre, se prend à partie lui-même, s'interroge et en appelle au jugement du Ciel comme à celui des hommes. Il va droit à ces fantômes qui l'obsèdent, et s'ils ne s'évanouissent pas devant lui, ils reculent, s'amoindrissent et prennent des proportions plus humaines. Oreste ne dit pas, comme lady Macbeth, après son crime froidement barbare et sans excuse : *Cette main ne blanchira jamais;* il dit, au contraire : *Le sang dort sur ma main* [1]; grande et belle image que tous les traducteurs en prose ont dédaignée, et dont la poésie s'empare : c'est que souvent le traducteur en prose est inexact, parce qu'il est timide; et le traducteur en vers est fidèle, parce qu'il peut oser. En un mot, dans Eschyle, Oreste, poursuivi par les Euménides, et enlaçant de ses bras l'autel de sa déesse protectrice, c'est la conscience se réfugiant près de Dieu et discutant avec le remords qui la poursuit. Il se retourne vers les Furies courroucées, les regarde dans un douloureux accablement, mais sans effroi; il les écoute et va leur répondre. C'est ce caractère de profonde et touchante prostration, de lutte intime et douloureuse, de

---

[1] Littéral : βρίζει γαρ αἷμα, vers 280. (Voyez p. 45.)

désespoir grand comme le crime commis, mais résigné, mais confiant dans la justice divine, que notre regrettable statuaire Simart a si parfaitement saisi dans son *Oreste suppliant à l'autel de Pallas.* La toile et le marbre peuvent aussi traduire les poëtes; pourquoi ne dirions-nous pas que cette œuvre de l'éminent artiste est une noble et fidèle traduction de l'une des plus grandes scènes d'Eschyle ?

L'effet terrible de la représentation des *Euménides* est consacré par une tradition célèbre qui veut qu'à l'apparition des Furies des enfants soient morts d'épouvante et des femmes aient avorté. Pour prévenir le retour de semblables accidents, un décret des magistrats aurait réduit de cinquante à seize les personnages du chœur. D'autres, au contraire, et de ce nombre des critiques très-autorisés, reléguant cette tradition parmi les fables, ont prétendu qu'Eschyle, se conformant à la mythologie antique, n'avait mis en scène que les trois Furies reconnues par la religion païenne, Alecto, Mégère, Tisiphone. Pour concilier ces deux opinions extrêmes, on peut supposer que ces trois Furies principales formaient la partie active du drame et soutenaient la lutte avec Oreste et les dieux qui le protégent; et qu'à ces Furies consacrées par les croyances populaires, le poëte avait adjoint un cortége de spectres sinistres, divinités secondaires, leurs ministres, leurs auxiliaires, desservant la partie lyrique de l'œuvre et concourant à cet ensemble de terreur qui frappait si vivement l'imagination du peuple.

Est-ce pour cette dérogation aux croyances traditionnelles, est-ce plutôt, simplement, comme on l'a cru, pour avoir dévoilé les mystères sacrés, en les donnant en spectacle à la multitude, qu'Eschyle fut mis en accusation par les prêtres, après la représentation des *Euménides?* Quoique l'alliance du théâtre et de la religion chez les Grecs ait été de tout temps consacrée, et que les ministres du culte eux-mêmes eussent emprunté pour les cérémonies du temple les robes traînantes des acteurs imaginées par Eschyle, le poëte n'en fut pas moins traduit devant l'Aréopage, devant ce tribunal dont il avait si magnifiquement retracé l'origine dans cette tragédie mise en cause : le tribunal, il est vrai, tout en condamnant le poëte, renvoya absous le soldat de Marathon.

On a reproché à la tragédie des *Euménides*, comme à la plupart des tragédies d'Eschyle, le vide de l'action. La Harpe surtout, ce juge si prévenu, si inattentif, pour ne pas dire plus, ne s'est pas fait faute de cette accusation. Il faut remarquer d'abord, pour répondre à cette critique, que la division, toute moderne, par actes, des tragédies antiques, division adoptée par la plupart des traducteurs du dernier siècle, a présenté ces ouvrages sous un faux jour, en a dénaturé le caractère, vicié les proportions, changé la couleur et l'esprit. C'est donc pour le traducteur un devoir, en même temps qu'un avantage qui lui profite tout autant qu'à son modèle, de ne pas altérer, par d'arbitraires séparations, l'ordonnance de ces compositions sévères qui se déroulent d'un seul jet dans leur noble simplicité. Soumettre ces tragédies, surtout celles d'Eschyle, aux divisions du théâtre moderne, c'est leur prêter des défauts dont elles sont exemptes et diminuer les beautés qui les distinguent. Il faut laisser religieusement à ces tableaux leur physionomie native; l'ensemble conservera son caractère, tous les détails leur proportion véritable, l'action son intérêt suffisamment gradué, quand elle ne sera plus scindée par des divisions conventionnelles, mais que ses phases principales seront simplement indiquées par ces brillants épisodes lyriques, d'où se dégage la moralité de l'œuvre.

Parmi les traducteurs du siècle dernier (encore appartient-il presque à celui-ci), un seul, le vénérable et laborieux de La Porte du Theil, a compris cette exigence, du moins dans la seule édition de son travail qu'il ait avouée[1]. Ce n'est point là son seul mérite : dans sa prose énergique, et parfois bizarre, il reproduit souvent avec bonheur ce modèle grand avec excès, quelquefois pompeux jusqu'à l'enflure, qui tient à la fois de Pindare et des prophètes, auquel Dante et Shakspeare ont em-

---

[1] *Théâtre d'Eschyle*, traduit en français, etc., par de La Porte du Theil. — Paris, de l'imprimerie de la République, an III. 2 vol. in-8° (avec texte grec).

De La Porte du Theil s'est occupé d'Eschyle durant toute sa vie. En 1770, il préparait, depuis six années déjà, sa traduction de ce poëte, lorsque parut celle de Lefranc de Pompignan, annoncée avec un bruyant éclat, auquel ne répondit pas le succès de l'œuvre. Ne voulant pas perdre le fruit de son travail, du Theil publia, la même année, comme premier essai, *Oreste* ou *les Choéphores*, version accompagnée de notes et de savantes remarques, où il relève avec beaucoup de ménagements, et dans les formes les plus respectueuses, les nombreuses inexactitudes de Lefranc de Pompignan. Puis sa traduction parut tout entière (mais nous allons voir dans quelles circonstances) dans la nouvelle édition du *Théâtre des Grecs*, du père Brumoy, en 1785. Enfin fut publiée celle de l'an III, sur laquelle il s'exprime ainsi dans l'avertissement qui la précède : « La version que je présente aujourd'hui n'est plus celle dont j'avais donné l'essai en 1770, lorsque je publiai séparément *les Choéphores*, pour sonder le jugement du public sur une version certainement bien plus exacte que celle de Lefranc de Pompignan (qui venait alors de m'enlever l'avantage de donner le premier un Eschyle français), mais cependant encore bien moins littérale que je ne l'eusse hasardée, si je n'eusse craint d'effaroucher des lecteurs, trop accoutumés à trouver dans les traductions des auteurs anciens plus d'élégance que de fidélité. Elle n'est pas même celle qui a paru entière dans les deux premiers volumes du nouveau *Théâtre des Grecs*, en 1785, et qui (par des circonstances inutiles à détailler, puisqu'elles n'intéressent que moi), imprimée pendant mon absence, avait subi sur mon manuscrit, *de la part d'une main étrangère et à mon insu*, tant et de si forts changements, qu'elle en était devenue, pour ainsi dire, méconnaissable à mes propres yeux. »

prunté ces beautés sévères et ces grâces naïves et sau-
vages qui chez lui s'allient à la force et le rendaient si
cher aux anciens. Malheureusement (est-bien ce mot
que je devrais employer?) les quatre volumes de notes
et de commentaires que La Porte du Theil voulait join-
dre à sa traduction n'ont jamais paru, bien que l'impression en eût été commencée, de sorte que la traduction est chargée de renvois à ces notes qui n'ont jamais
été publiées. Le dirai-je? ces signes muets qui éveillent
la pensée ont leur éloquence; et appliqué à un poëte
tel qu'Eschyle, ce commentaire absent, qui provoque
le doute et ne le résout pas, m'a paru souvent le meil-
leur de tous [1].

C'est qu'Eschyle, par la nature de son génie, est presque un poëte biblique; aussi faut-il lui laisser quelquefois son obscurité, comme au prophète son nuage. C'est
en lisant certaines pages d'Eschyle qu'on tend à se rap--
procher de l'opinion, si paradoxale au premier abord,
qui fait remonter au *Cantique des cantiques* l'usage et la
forme du chœur de la tragédie grecque[2]. Il est certain
que dans cette œuvre singulière, d'une inspiration si
originale et sans modèle, ce chœur de jeunes filles toujours prêtes à offrir des consolations ou des conseils,
s'entretenant avec les deux époux, les interrogeant,
leur répondant, se mêlant à tout et ne s'éloignant ja-

---

[1] De La Porte du Theil, né en 1742, est mort le 28 mai 1815, laissant incomplète (comme s'il eût été dans la destinée de ce savant
de ne rien terminer) la traduction de la *Géographie de Strabon*, dont
il avait été chargé, de concert avec ses collègues de l'Académie
des inscriptions et belles-lettres, Gosselin et Coray. Chose singulière, le seul ouvrage qu'il eût entièrement achevé, une traduction
de Pétrone, avec le texte et un commentaire, fruit de longues années de travaux, fut brûlée par lui avant d'avoir paru (en 1800), par
suite de scrupules de conscience qui lui furent suggérés par le baron
de Sainte-Croix.
[2] Voyez LOWTH, *Essai sur la poésie des Hébreux.*

mais, offre la plus grande ressemblance avec le chœur
de la tragédie grecque. Il est certain que dans Eschyle
le lyrisme s'élève souvent jusqu'à la hauteur des psau-
mes sacrés. En lisant Euripide, et surtout en le tradui-
sant, c'est le souvenir de Racine qui s'éveille invo-
lontairement en nous, de Racine avec son harmonie,
sa grâce ineffable, le charme de sa merveilleuse dic-
tion. Sophocle fait penser à Corneille, plus souvent encore à Voltaire, par cette abondance facile où la négli-
gence se fait quelquefois sentir, mais où l'élévation du
cœur se mêle aux plus rares finesses de la pensée.
Eschyle n'éveille en nous aucun de ces souvenirs encore rapprochés de nous ; avec lui il faut remonter plus
haut que Pindare, son contemporain, plus haut qu'Homère lui-même ; il faut songer à la Bible et à la majesté
de l'Ecriture.

Nous sommes loin de ces temps et de ces œuvres.
Sans nier les progrès de l'art moderne, et par cela même
que nous les reconnaissons, nous regrettons que le
théâtre contemporain ne réponde ni à l'attente, ni aux
véritables aspirations du public. Nous ne voulons pas
exagérer la vertu didactique du théâtre, ni réduire son
rôle à celui d'un enseignement souvent peu conciliable
avec les exigences de la scène ; mais nous pensons qu'il
doit se proposer l'élévation plutôt que l'abaissement des
esprits. La foule vient au théâtre avec le désir confus du
beau, des facultés étendues et très-diverses, en rapport
avec le progrès des idées et l'organisation si complexe
des sociétés modernes ; elle y apporte le besoin des émotions sérieuses, et, plus qu'on ne le croit, l'aptitude à
la perception du grand et du sublime. Elle sait jouir
par la raison, par l'intelligence et surtout par le cœur.
Aussi sommes-nous souvent tenté de dire comme
Schiller, dans sa préface de *la Fiancée de Messine*, cet
ouvrage où il a cherché avec plus de conviction que de

bonheur à se rapprocher des formes de la tragédie grecque : « Il n'est point vrai, comme on l'entend répéter communément, que l'art dépende du public ; c'est le public qui dépend de l'artiste ; et toutes les fois que l'art s'est dégradé, c'est par la faute des artistes. »

PERSONNAGES.

LA PYTHIE.
APOLLON.
ORESTE.
L'OMBRE DE CLYTEMNESTRE.
LES EUMÉNIDES, formant le chœur.
MINERVE.
PRÊTRESSES, FEMMES, JEUNES FILLES, faisant cortége aux
    Euménides (dans la dernière scène).
LES JUGES DE L'ARÉOPAGE, personnages muets.

La scène est d'abord à Delphes, dans le temple d'Apollon, puis à Athènes,
    devant le temple de Minerve, et sur la colline de Mars.

LES EUMÉNIDES.

—

Le théâtre représente l'entrée du temple de Delphes.

———

PROLOGUE.

—

LA PYTHIE.

Offrons d'abord nos vœux à l'antique déesse,
La Terre, de ces lieux première prophétesse ;
Puis à Thémis, qui vint, à l'autel révéré,
Succéder à sa mère en cet emploi sacré :
Thémis fit de ses droits l'abandon volontaire
A sa sœur, à Phébé, fille aussi de la Terre ;
Et plus tard, quand Thémis devint mère d'un dieu,
Phébé légua le temple à l'enfant son neveu,
Et le nomma Phébus[1] : il vint sur nos rivages,
Délaissant de Délos les rocs, les marécages,

---

[1] Dans ces quelques vers, où il trace rapidement l'histoire de l'oracle de Delphes, Eschyle s'écarte de la tradition plus commune, suivie par Pindare et d'autres poëtes, et d'après laquelle Apollon se serait emparé de l'oracle, après en avoir expulsé Thémis.

Pour ces bords où Pallas sourit aux nautoniers,
Pour le divin Parnasse et ses sommets altiers.
Des enfants de Vulcain [1] le cortége fidèle
Accompagna ses pas : leur courage, leur zèle
Féconde un sol ingrat, met le calme en tout lieu ;
Delphus [2] et tout son peuple ont acclamé ce dieu
Qui, par Jupiter même instruit aux prophéties,
S'assied le quatrième au trône des Pythies.
Il parle au nom d'un père en ministre soumis :
Ma prière est d'abord pour le père et le fils ;
Puis j'invoque Pallas, de ce seuil protectrice,
Les nymphes qu'en sa cime abrite le Coryce [3],
Retraite des oiseaux, séjour aimé des dieux ;
Bacchus en habita les rochers sourcilleux ;
C'est de là qu'entraînant la Bacchante irritée,
Comme un lièvre timide il égorgea Penthée [4].
Aux sources de Plistus [5] s'adresseront mes vœux,
Comme au puissant Neptune, au maître et roi des cieux.
Plaçons-nous au trépied... Puissent les destinées
S'offrir moins tristement qu'aux dernières journées !

---

[1] On a pensé qu'Eschyle désignait ainsi les Athéniens, à cause de leur génie industrieux, de leur habileté dans les arts, et qu'il leur attribuait, selon une antique tradition, l'honneur d'avoir escorté Apollon, lorsqu'il vint prendre possession de Delphes et de son temple.

[2] Fils d'Apollon et de Thya. Il habitait les environs du mont Parnasse, et donna son nom à la ville de Delphes, qu'il bâtit.

[3] Grotte célèbre sur le mont Parnasse.

[4] On sait que la mort de Penthée, mis en pièces par les Bacchantes pour s'être opposé à l'établissement du culte de Bacchus, forme le sujet de la tragédie d'Euripide, *les Bacchantes*, très-remarquable au point de vue des idées religieuses des Grecs.

[5] Rivière de la Phocide.

Que chacun tire au sort, s'il est des Grecs présents ;
L'usage ainsi le veut ; le dieu fixe les rangs ;
Il me dirige... Entrons...

(Elle entre dans le temple et en sort épouvantée.)

                         O spectacle effroyable,

A voir comme à décrire !... O terreur qui m'accable !
L'épouvante et l'horreur me chassent des lieux saints ;
Je tombe ; mes genoux fléchissent... Sur mes mains
Sans force je me traîne, et, presque séculaire,
Je redeviens l'enfant qui rampe sur la terre.
J'approchais de l'autel aux rameaux toujours verts ;
En ces lieux redoutés, que je croyais déserts,
S'offre un homme abhorré des dieux... Sa main sanglante
Soutient une épée nue, et de l'autre il présente
La blanche bandelette entourant l'olivier ;
Il fuit devant son crime et vient pour l'expier.
Autour du suppliant, assises, assoupies,
Sont des femmes... oh ! non, d'odieuses Harpies.
Je les vis sur la toile, en leurs affreux débats,
Du malheureux Phinée [1] enlevant le repas ;
Le peintre les flattait : celles-ci n'ont point d'ailes ;
Noires comme la Nuit, l'horreur plane autour d'elles ;
Il sort de leur poitrine un souffle impétueux,
Et d'atroces venins découlent de leurs yeux.
Osent-elles des dieux souiller la sainte image,
Et les toits des mortels que leur présence outrage ?

---

[1] Phinée, roi de Thrace, avait fait crever les yeux de ses fils, enfants d'un premier lit, qu'il accusait d'un commerce adultère avec sa seconde femme. Les dieux, pour le punir, le rendirent aveugle, et Neptune et Junon envoyèrent chaque jour les Harpies souiller et enlever les viandes servies sur sa table.

Qui vit rien de pareil? Monstres impurs, flétris,
Quel sol ne gémirait de les avoir nourris?
Mais sans doute Apollon courroucé les contemple;
A lui seul appartient de veiller sur son temple;
Prophète et médecin, expiateur, gardien
De nos propres foyers, il défendra le sien.

(Elle sort.)

FIN DU PROLOGUE.

LES EUMÉNIDES.

—

La scène représente l'intérieur du temple.

———

ORESTE, LES EUMÉNIDES endormies, APOLLON.

APOLLON, à Oreste.

Je ne trahirai pas tes vœux, ton espérance ;
De près comme de loin je veille à ta défense,
Et ma juste colère attend tes ennemis.
  (Montrant les Euménides.)
Tu vois par mon pouvoir ces monstres endormis !
Les voilà succombant sous la fatigue et l'âge,
Ces vieilles, ces démons, dont la brute sauvage
S'éloigne avec horreur, comme l'homme et les dieux !
Divinités du mal, où tendent tous leurs vœux,
Le Ténare en sa nuit les cache à la lumière,
A la haine du Ciel, à l'effroi de la terre.
Fuis ; ne perds pas courage : elles suivront tes pas ;
Leur courroux obstiné ne se lassera pas ;
Tu les verras franchir et les champs et les villes,
T'atteindre sur les mers, aborder dans les îles.
Crains-tu de succomber en ces affreux combats?
Va chercher un asile aux remparts de Pallas ;
Embrasse son image ; au plus saint des refuges,
Tu trouveras enfin l'espérance et des juges.

D'un crime nécessaire atténuant l'horreur,
Je saurai t'affranchir des liens du malheur ;
Conseiller du forfait, je ne dois plus me taire :
C'est moi qui t'ordonnai d'assassiner ta mère !

ORESTE.

Oui, tu sais si ma cause est juste, et mon espoir
Est dans tes souvenirs ainsi qu'en ton pouvoir.

APOLLON.

Toi-même souviens-toi qu'un appui tutélaire
T'est promis... Ne crains rien... Et toi, mon sang, mon frère,
Mercure conducteur [1], sois son gardien puissant,
Et fidèle à ton nom, guide mon suppliant !
Car Jupiter vénère en sa bonté propice
Les droits de la prière invoquant la justice.

(Oreste s'enfuit, Apollon s'éloigne.)

LES EUMÉNIDES endormies, L'OMBRE
DE CLYTEMNESTRE.

L'OMBRE DE CLYTEMNESTRE, aux Euménides.

Vous dormez ! Est-ce là votre devoir ?... Et moi,
Moi, vous m'abandonnez, trahissant votre foi !
Chez les morts on m'outrage, on hait la meurtrière ;
L'opprobre est mon partage, ainsi que sur la terre.
Errante... ô déshonneur ! faut-il le répéter ?
L'Enfer même m'accuse et veut me rejeter !

---

[1] Πομπαῖος, l'un des surnoms de Mercure. Il avait charge de
conduire les âmes aux enfers, et avait aussi le pouvoir de les en
tirer. (Voyez t. II, OEdipe à Colone, p. 222.)

J'ai reçu le trépas de la main la plus chère,
Et pour un tel forfait le Ciel est sans tonnerre ;
Un monstre m'a frappée ; il étouffa mes cris...
Voyez ce cœur saignant... L'assassin, c'est mon fils !
Regardez !... Quand on dort, l'intelligence veille,
Et c'est pendant le jour que notre esprit sommeille !
Je vous ai bien des fois fait le sobre présent
De la libation d'où le vin est absent,
Aux nocturnes festins, près du foyer, à l'heure
Où pour nul autre dieu ne s'ouvre la demeure ;
Et vous oubliez tout !... Il échappe au danger ;
Il fuit de vos filets, ainsi qu'un faon léger ;
Il vous raille ; il insulte à vos vaines colères !...
D'une âme torturée écoutez les prières ;
C'est moi, c'est Clytemnestre, ô déesses des nuits !
Me voyez-vous en songe ? Entendez-vous mes cris ?

(Les Euménides gémissent pendant leur sommeil.)

Vous gémissez ! il fuit !... Les méchants qui supplient
Trouvent ici secours en ces dieux qui m'oublient !

(Plaintes étouffées des Euménides.)

C'est trop dormir ; c'est trop de mépris ! Levez-vous !
L'assassin de sa mère, Oreste, est loin de nous !

(Cris confus et inarticulés.)

Des cris ?... Levez-vous donc !... Ne pouvez-vous que nuire,
O déités du mal ?

(Nouveaux gémissements des Euménides.)

    Contre moi tout conspire ;
Le sommeil, la fatigue, ensemble conjurés,
Enervent leurs serpents...

(Plaintes redoublées et cris aigus des Euménides.)

LE CHOEUR, rêvant.

Arrête !... à lui !... courez !
Arrête !... Arrête !...

L'OMBRE DE CLYTEMNESTRE.

En rêve, avec des cris de rage,
Vous courez, meute ardente, à la bête sauvage ;
Que faites-vous ? Debout ! Sortez, filles d'enfer,
De ce lâche sommeil qui vous coûte si cher !
Que ma plainte vous touche et vous donne courage ;
Car un juste reproche aiguillonne le sage.
Ne remplissez plus l'air de ce souffle de sang ;
Gardez ce feu vengeur pour l'effroi du méchant ;
Suivez-le ; desséchez, consumez le perfide ;
Attachez la torture aux flancs du parricide !

(L'ombre disparaît.)

LES EUMÉNIDES. Elles s'éveillent.

LE CHOEUR.

Lève-toi ! Je t'éveille... Alerte, éveille-la !
Debout ! plus de sommeil !... Est-ce une vaine image,
Un songe, au menaçant présage,
Qui me disait : « Il n'est plus là ? »

(Regardant.)

Il est trop vrai !... Mortelle injure !
Mes sœurs, tous nos soins sont perdus ;
Affront cruel, faut-il que je l'endure ?
La proie échappe ; elle a fui sans blessure
Le filet des chasseurs par le sommeil vaincus !

O fils de Jupiter, aux antiques déesses
Tu voles leur captif! Tu respectes le vœu
D'un suppliant rebelle aux plus saintes tendresses!
Le fils barbare, impie, obtient donc ton aveu!

      O justice! ô lois vengeresses!
L'assassin d'une mère est sauvé par un dieu!

     Aussi j'entendais dans mon rêve
     Un reproche amer, pénétrant;
     Il me traversait comme un glaive,
     Comme un aiguillon déchirant.
     Là, dans mon cœur, est la blessure,
     Le fouet du bourreau me torture;
     J'ai froid; l'horreur fige mon sang.

Voilà donc, dieux nouveaux, ce que vous osez faire,
     Du ciel usurpateurs altiers!
    Voyez ce trône au centre de la terre [1];
     Dans le sang reposent ses pieds.
    Vous y souffrez sans honte et sans colère
     Les impurs et les meurtriers!

     Dieu prophète, tu nous défies!
A tes autels souillés toi-même tu convies

---

[1] On sait que Delphes était situé au centre de la Grèce, et que
l'endroit où s'élevait l'autel prophétique dans le temple d'Apollon
passait pour le point central de la terre. (Voyez t. II, *Ion*, p. 26).

Les sacriléges, les méchants,
Et pour d'injustes dieux ainsi tu sacrifies
La Parque et son pouvoir consacré par le temps !

Mais en vain le coupable espère ;
Tant d'outrageants mépris ne le sauveront pas !
Oui, quand il fuirait sous la terre,
Il verra la Furie attachée à ses pas !...
En ton cœur, bourreau de ta mère,
Siége un démon vengeur ; avec lui tu vivras !

LES MÊMES, APOLLON.

APOLLON.

Je l'ordonne ; à l'instant quittez ce sanctuaire,
Retraite fatidique, ouverte à la prière,
Ou de mon carquois d'or, comme un serpent ailé,
Va s'élancer un trait par vous-même appelé !
Des flots noirs, écumeux, jailliront de vos veines
Qui se gorgent du sang des victimes humaines.
Vous, dans un temple !... Il faut pour de tels habitants
Ces lieux, séjour du crime et des avortements,
Où les yeux arrachés pendent de leur orbite,
Où des corps mutilés la chair saigne et palpite,
Où le lapidé tombe et hurle en se tordant ;
Siégez, filles d'Enfer, à ces banquets de sang !
Ce qu'il faut à votre âme, à votre aspect sauvage,
C'est l'antre du lion, tout repu de carnage ;

Son repaire est le vôtre! Approcher de ces lieux
Consacrés par l'oracle est un crime odieux.
Errez donc sans pasteur; les enfers seuls vous restent,
Car un pareil troupeau, tous les dieux le détestent!

LE CHOEUR.

Ecoute-nous enfin : tu n'es pas du forfait
Complice, mais auteur, car toi seul as tout fait.

APOLLON.

Comment?... Que veux-tu dire?

LE CHOEUR.

Il a tué sa mère...
Par ton ordre.

APOLLON.

Oui, j'ai dit : « Tu dois venger ton père! »

LE CHOEUR.

A ce crime nouveau tu promis ta faveur?

APOLLON.

J'ordonnai son retour à l'autel protecteur.

LE CHOEUR.

Et que d'affronts pour nous qui poursuivons sa trace!

APOLLON.

Je vous chasse du temple où n'est pas votre place.

LE CHOEUR.

C'est par l'ordre des dieux...

APOLLON, avec ironie.

Quel honneur!... Quoi, les dieux...

LE CHOEUR.

Veulent qu'au parricide on ferme les saints lieux.

APOLLON.

Parricide !... Il frappait le meurtre et l'adultère !

LE CHOEUR.

Son propre sang coulait, car il frappait sa mère.

APOLLON.

Ce n'est donc rien pour vous qu'un pacte révéré
A Junon nuptiale, à Jupiter sacré ?
Vous outragez aussi Vénus aux dons propices,
Bienfaitrice de l'homme et mère des délices.
Le lit de deux époux, ses purs ravissements,
Sont placés sous la foi du plus saint des serments ;
Si l'un des deux y porte une main meurtrière,
Et qu'un pareil forfait vous trouve sans colère,
De quel droit contre Oreste ainsi vous déchaîner ?
Quel mobile secret peut donc vous entraîner,
D'une part au courroux, de l'autre à l'indulgence ?
Mais Minerve aujourd'hui portera la sentence.

LE CHOEUR.

Sans trêve ni repos, nous poursuivrons ses pas.

APOLLON.

Allez ; épuisez-vous... Vous ne l'atteindrez pas.

LE CHOEUR.

Tes discours ne sauraient différer son supplice.

APOLLON.

Je ne reconnais pas vos lois, votre justice.

LE CHOEUR.

Tu siéges, nous dit-on, près du trône immortel ;
Mais un pouvoir plus grand, c'est le sang maternel ;
Il crie, et nous suivrons la trace du coupable,
Comme un chasseur sa proie...

APOLLON.

A ses vœux secourable,

Moi, je le sauverai, car nul impunément,
Homme ou dieu, ne trahit, ne brave un suppliant.
(Il s'éloigne. — Les Euménides quittent la scène.)

(Le théâtre change. — La scène est à Athènes et représente, d'un
côté, le temple de Minerve ; de l'autre, la colline de Mars, où fut
établi le tribunal de l'Aréopage.)

ORESTE. Il est au seuil du temple, au pied de la statue
de Minerve.

Accueille-moi, Minerve, ô reine et protectrice,
Car Apollon m'envoie à ton autel propice,
Et le meurtre expié ne souille plus mes mains :
Sous les toits étrangers et par tous les chemins,
Languissant, abattu, j'ai, traînant ma misère,
Fatigué de mon deuil et les flots et la terre ;
Mais enfin d'Apollon l'oracle m'a parlé ;
Et j'accours à ce temple, et j'y viens consolé.
J'embrasse ton image ; en ce pieux refuge
Je resterai paisible, attendant qu'on me juge.

LE MÊME, LES EUMÉNIDES.

LE CHOEUR.

C'est ici... Tout trahit sa présence en ces lieux ;
Ces indices muets l'annoncent à nos yeux.
Comme du faon blessé le chien poursuit la trace,
A ces gouttes de sang nous retrouvons sa place.

Il est temps... car le souffle à nos flancs épuisés
Manque... La terre entière a vu nos corps brisés ;
Et pour franchir les flots, à nos devoirs fidèles,
L'àspect de son vaisseau nous a donné des ailes.
Mais c'est ici... Le sort nous l'abandonne enfin ;
Je sens avec bonheur l'odeur du sang humain.

Voyez, mes sœurs... voyez encore...
Cherchons bien !... Le Ciel irrité
Au parricide qui l'implore
Ne peut laisser l'impunité.

(Découvrant Oreste au pied de la statue de Minerve.)
Mais le voilà sans force... Embrassant ton image,
Déesse, il a repris courage ;
Il veut le jugement du plus grand des forfaits.

Mais il n'obtiendra pas le pardon qu'il espère.
Où donc est le sang de sa mère ?
La terre qui l'a bu ne le rendra jamais.

Mais toi, tu le rendras par le sang de tes veines,
Et de ses rouges flots s'assouviront nos haines,
Ineffable breuvage à nos lèvres promis !

Vivant, quand nous aurons épuisé tout ton être,
Suprême expiateur, l'Enfer va t'apparaître,
Redemandant la mère au fils !

Là, tu verras la peine appliquée à la faute :
Crime envers le prochain, mépris d'un dieu, d'un hôte ;

Saint amour des parents méconnu lâchement,
    Tout forfait a son châtiment.
Le puissant dieu des morts juge la race humaine ;
    Dans sa demeure souterraine
    Il voit, se souvient ; il attend.

ORESTE.

J'ai reçu du malheur la leçon salutaire ;
Je sais, quand il le faut, ou parler ou me taire.
Ma cause devant tous va s'instruire aujourd'hui ;
Un guide sûr m'éclaire, et ma force est en lui.
Grâce à ce dieu, le sang dort sur ma main séchée ;
Par l'horrible souillure elle n'est plus tachée.
Je vins à lui, chargé du meurtre tout récent ;
Le porc expiatoire est tombé mugissant [1] ;
Le dieu reçut mes dons ; plus d'un foyer l'atteste :
Ma présence depuis ne fut jamais funeste ;
Car le temps purifie ; il va tout effaçant ;
Le crime disparaît et s'use en vieillissant.
Je puis donc invoquer d'une chaste prière
Minerve, souveraine en cette noble terre :
Qu'elle m'exauce !... Athène obtiendra sans combats
Argos, son territoire et ses fils pour soldats,
Moi le premier... Mon peuple à vos destins se lie [2] !...
Peut-être es-tu bien loin, aux plaines de Libye,

---

[1] Littéral : καθαρμοῖς.... χοιροκτόνοις. On offrait aux dieux ces sacrifices après un crime ou un acte de délire.

[2] Le poëte fait allusion, dans ce passage, au traité d'alliance qui fut conclu entre Argos et Athènes, peu de temps avant l'époque où fut représentée la tragédie des *Euménides*, vers l'an 459 avant Jésus-Christ (2e année de la LXXXe olympiade).

Sur les bords du Triton, de ton fleuve natal,
Les pieds nus ou cachés sous ton manteau royal?
Dans les champs de Phlégra, protectrice attendue,
Des guerriers, chef vaillant, passes-tu la revue?
Mais n'es-tu pas déesse? Au loin tu m'entendras,
Car tu vois ma douleur, et tu m'affranchiras!

LE CHOEUR.

Va, Minerve, Apollon, ni leur ligue ennemie,
Ne pourront de ta tête écarter l'infamie.
Cherche comment la joie épanouit le cœur,
Comment le corps s'échauffe au sang réparateur;
Tu ne le sauras plus! Vain fantôme, ombre impure,
Sans parole et sans voix, ma proie et ma pâture!
Sans tomber à l'autel, tu nous donnes ton sang;
Entends l'hymne funèbre; il t'étreint tout vivant!

Hymne.

Formons nos chœurs; entourons l'homicide,
Et chantons l'hymne détesté!
Qu'il sache quelle loi nous guide,
Lorsqu'aux destins humains préside
Notre conseil redouté!

Nous aimons la justice, et chérissons les hommes
Aux mains pures d'iniquité :
Ceux-là diront ce que nous sommes,
Car ceux-là sont heureux, et pour l'éternité.

(Montrant Oreste.)
Mais les parjures, les coupables,

Qui cachent, comme lui, leurs mains rouges de sang,
  Nous verront, témoins redoutables,
  Prendre pitié des misérables,
Redemander les morts et venger l'innocent !

O Nuit, ô notre mère ! ô Ténèbres sacrées
  Qui dans l'Enfer nous avez engendrées
Pour frapper et punir les vivants et les morts !
  De Latone le fils perfide
  Nous déshonore; il sauve un parricide,
  Il nous outrage sans remords !
Aussi tonnez, éclatez pour maudire,
  Hymnes de sang, cris de fureur,
  Chants de la rage et du délire,
  Semant l'épouvante et l'horreur ;
Hymnes sans frein, dédaigneux de la lyre,
Qui serrez l'âme et desséchez le cœur !

Car telle est du Destin l'inflexible vengeance;
  Voilà l'arrêt, l'immuable sentence
Du meurtrier, du lâche, artisan de la mort :
  Nous le suivons jusqu'à la tombe ;
  Puis sur ses pas elle s'ouvre ; il y tombe ;
  Face à face il nous trouve encor !
Aussi tonnez, éclatez pour maudire,
  Hymnes de sang, cris de fureur,
  Chants de la rage et du délire,
  Semant l'épouvante et l'horreur ;
Hymnes sans frein, dédaigneux de la lyre,
Qui serrez l'âme et desséchez le cœur !

Telle est la tâche inexorable
Que nous assignent les destins :
Aux dieux même elle est redoutable ;
Nous n'approchons pas de leur table ;
Nul ne nous vit à leurs festins.
Sans robe blanche ni parure,
Sous un lugubre vêtement,
Nous apparaissons au parjure
Qui frappe un ami confiant.
Nous renversons, comme un tonnerre,
Les palais, orgueil du méchant ;
Les grands, si forts qu'ils soient, sont brisés comme verre ;
Le sang qu'ils ont versé s'expie encor fumant.

Bien qu'au Ciel ce droit appartienne,
De punir il n'est pas jaloux ;
Mais notre justice est la sienne ;
Nous frappons, sans qu'il intervienne
Entre le criminel et nous.
D'ailleurs, lorsque le sang ruisselle,
Jupiter, détournant les yeux,
Fuit, dans sa splendeur éternelle,
Un contact impur, odieux !
A nous de vouer aux ténèbres
Le crime heureux, les fronts altiers,
De les ensevelir sous nos voiles funèbres,
Et de danser en chœur en les foulant aux pieds !

Souvent on nous croit loin ; déjà se réjouissent
Les pervers, quand, sur eux tombant soudainement,

Nos bonds furieux les meurtrissent ;
Leurs genoux chancellent, fléchissent ;
Epuisés par la fuite, ils luttent vainement.

Et lorsqu'ainsi frappés sous leur crime ils périssent,
Ils ne comprennent pas la terrible leçon,
Tant leurs ténèbres s'épaississent !
Tout-puissants naguère, ils gémissent,
Ne sachant quelle nuit s'abat sur leur maison !

C'est qu'une route habile et sûre
Nous conduit vers le but fixé ;
Sans pitié pour qui nous conjure,
Nous nous souvenons du passé.
Pour nous ni temples ni victimes ;
Loin des dieux, du jour rayonnant,
Nous habitons les noirs abîmes,
Où la même ombre attend l'aveugle et le voyant.

N'est-il pas saint et vénérable,
Ce pouvoir obscur, sans honneur,
Créé pour l'effroi du coupable
Par un décret du Ciel vengeur ?
Par le temps notre œuvre est sacrée ;
Et dans notre triste séjour,
Loin de la lumière adorée,
Nous ne regrettons pas l'éclat brillant du jour !

Les mêmes, MINERVE.

MINERVE, apparaissant sur son char.

Une clameur sinistre au loin s'est fait entendre ;
Vos cris ont retenti jusqu'aux bords du Scamandre,
Sol sacré que des Grecs les rois m'ont réservé,
Sur les biens des vaincus noble don prélevé,
Et dont ils m'ont légué l'éternel héritage,
Aux enfants de Thésée assuré d'âge en âge [1].
D'un seul élan j'accours ; l'Egide aux plis mouvants,
Comme une aile puissante où s'engouffrent les vents,
A poussé sous mon char la nue amoncelée.
Je vois sur cette terre une étrange assemblée ;
Non, je ne tremble pas ; mais qui donc êtes-vous ?
Car mes yeux étonnés... Je parle pour vous tous,
Pour celui qui m'étreint de ses mains éplorées,
Pour vous, race étrangère aux espèces créées !
Déesses, qui jamais vous trouva dans le ciel ?
Femmes, avez-vous rien du visage mortel ?
Mais si le cœur s'émeut, se trouble à votre approche,
La surprise est permise et non pas le reproche.

LE CHOEUR.

Peu de mots suffiront, fille de Jupiter :
La Nuit nous engendra ; nous habitons l'Enfer ;
Au noir séjour, Furie est le nom qu'on nous donne.

[1] Minerve, suivant Hérodote (liv. V), avait un temple à Sigée, ancienne conquête des Athéniens, tombée depuis en la possession des

MINERVE.

La naissance et le nom me sont connus.

LE CHOEUR.

Pardonne

Si je t'apprends aussi nos devoirs et nos droits.

MINERVE.

Parle donc ; je saurai.

LE CHOEUR.

Vengeresses des lois,

Nous chassons l'homicide, et sa tête est proscrite.

MINERVE.

Mais quel terme à ses maux? Où s'arrête sa fuite?

LE CHOEUR.

En ces lieux où jamais rayon d'espoir n'a lui.

MINERVE, montrant Oreste.

Voilà le suppliant qui vous fuit aujourd'hui?

LE CHOEUR.

Lui-même! il a tué sa mère!

MINERVE.

O crime horrible!

Mais si quelque ordre affreux, nécessaire, inflexible?...

LE CHOEUR.

L'armer contre sa mère, eh! qui donc l'eût osé?

MINERVE.

J'entends l'accusatrice, et non pas l'accusé.

LE CHOEUR.

Je suis prête à jurer; qu'il jure aussi !

habitants de Mitylène. Dans ces vers, Eschyle, par la voix de Minerve,
semble inviter ses concitoyens à reconquérir un territoire que des
droits anciens et sacrés leur font un devoir de revendiquer.

MINERVE.

Peut-être

Tu veux paraître juste et tu ne veux pas l'être.

LE CHŒUR.

Comment? dis; ta parole est un enseignement.

MINERVE.

La victoire est au droit et non pas au serment.

LE CHŒUR.

Eh bien! sois notre arbitre et porte la sentence.

MINERVE.

Mon arrêt sans appel, l'acceptez-vous d'avance?

LE CHŒUR.

Pourquoi non? Qui serait plus digne de juger?

MINERVE, à Oreste.

Que peux-tu dire ici pour ta cause, étranger?
Dis ton pays, ton nom, ta funeste aventure;
Du crime qu'on t'impute efface la souillure,
Puisqu'au seuil de ce temple, en ton droit confiant,
Embrassant mon image, on t'a vu suppliant,
Comme Ixion jadis aux genoux de mon père [1] :
Oppose à leur parole un discours qui m'éclaire.

ORESTE.

Ces mots touchent mon cœur, mais ils veulent aussi
Que du tien tout d'abord j'écarte un grand souci :

---

[1] Ixion, roi des Lapithes, après le meurtre de Déionée, avait été l'objet de la clémence de Jupiter. Ce ne fut qu'après son second crime (l'audace qu'il eut d'aimer Junon) que le dieu courroucé le foudroya, et le livra au supplice de cette roue qui tournait sans cesse, et où les Euménides l'avaient attaché avec des serpents. Plus loin, Eschyle parlera encore d'Ixion, qu'il appellera *le premier homicide*, πρωτοκτόνος. (Voyez p. 65.)

Non, Minerve, ma main ne t'a pas fait injure
En pressant ton image : elle n'est plus impure.
Je pourrai t'en convaincre : un décret tout-puissant
Ordonne le silence à qui versa le sang,
Tant que le bras souillé par l'empreinte du crime
N'en lave pas la marque aux flancs d'une victime.
Je l'offris dès longtemps cet hommage attendu :
Les troupeaux, l'eau lustrale et le sang répandu.
Mon pays et mon nom, je n'ai pas à le taire ;
Argos est ma patrie, et tu connais mon père,
Agamemnon, ce chef des vaisseaux, des soldats,
Qui virent Troie en flamme expirer sous ton bras.
Au retour l'attendait une mort misérable,
La noire trahison d'une épouse implacable,
De ma mère !... Il tomba captif en ses filets ;
Tout prouva l'attentat : le bain et ses apprêts.
Quand, longtemps exilé, je revis ma patrie [1],
Je frappai... je tuai ma mère... eh ! qui le nie?
Je chérissais mon père et je fus son vengeur ;
J'eus un dieu pour complice et pour instigateur :
Apollon m'annonçait des maux intolérables,
Si je ne me baignais dans le sang des coupables.
Ai-je été fils pieux? Suis-je un lâche assassin ?
J'attends, humble et soumis, ton arrêt souverain.

MINERVE.

Trop grave est ce procès pour qu'un homme en décide.
Moi-même, puis-je donc absoudre l'homicide,

---

[1] On sait que Clytemnestre avait exilé son fils loin de la maison paternelle. Oreste, dans *les Choéphores*, du même poëte, avant de frapper sa mère, lui reproche de l'avoir banni (vers 913 et 915).

Sourde au cri de vengeance, au droit sacrifié ?
Toi, tu viens cependant, tu viens purifié,
Suppliant, dans mon temple implorer un asile;
Je ne puis t'en chasser, te fermer cette ville.

(Montrant les Euménides.)

Celles-ci, déplorant leur pouvoir dédaigné,
Garderont leur défaite en leur cœur indigné :
Leur souffle empoisonné d'une peste éternelle
Va souiller cette terre et si chère et si belle.
Loin de ces deux écueils il faut se diriger,
Et je ne puis, moi seule, écarter le danger.
Mais je veux, puisqu'ici ce grand débat l'exige,
Par des juges choisis, qu'un saint devoir oblige,
Fonder un tribunal à jamais florissant.

(A Oreste et aux Euménides.)

Vous, préparez la preuve à l'appui du serment ;
Il n'est rien sans l'accord des faits, des témoignages.
Je vais de la cité rassembler les plus sages ;
Et tous ils jureront, cherchant la vérité,
De prononcer sans haine et selon l'équité.

(Elle s'éloigne.)

LES MÊMES, moins MINERVE.

LE CHOEUR.

Tout s'écroule et tombe en poussière,
S'il est créé de nouveaux droits,
Si le meurtrier d'une mère
Sort vainqueur de la lutte et triomphe des lois !

Le crime, à tous facile, étendra ses ravages;
    De pareils forfaits impunis
    Vont perpétuer dans les âges
Les douleurs des parents et les crimes des fils.

    Non, l'œil vigilant des Furies
Ne fera plus trembler le bras des assassins!
    Sans honneur, à jamais flétries,
Que pourrons-nous? Le glaive est tombé de nos mains.
Chacun, de son voisin redisant l'infortune,
    Cherchant refuge près d'autrui,
Viendra se consoler de la douleur commune
    Chez un plus malheureux que lui!

    Que nul désormais ne s'écrie,
    Accablé sous la trahison :
    « A nous, Justice! à nous, Furie!
« Trône auguste et vengeur, protége ma maison! »
Plus d'une fois encore une mère expirante,
    Par son fils un père immolé,
    Jetteront ce cri d'épouvante,
Cri sans espoir!... Des lois l'autel s'est écroulé!

    Souvent, à la seule pensée
D'un juge redouté qui lit au fond des cœurs,
    Au bien l'âme humaine est poussée;
La vertu quelquefois est fille des terreurs.
Ceux qui ne craignent rien sur la terre où nous sommes
    (Car la noble crainte a son prix),

Ceux-là... je parle ici des cités et des hommes,
  Auront la justice en mépris [1].

La liberté sans frein, plus d'un malheur l'expie ;
Et le pouvoir sans lois, c'est un pouvoir impie ;
  Fuyons ce double écueil !
Car Dieu plaça la force entre ces deux extrêmes ;
Et qui veut se soustraire à ces arrêts suprêmes
  Verra des jours de deuil !
Peut-on le dire assez? Mépriser la justice,
Aux droits qu'elle consacre opposer son caprice,
  C'est outrager les dieux !
La vie à l'âme saine est toujours souriante ;
Le bonheur, tant cherché, ne trompe pas l'attente
  D'un cœur droit et pieux.

Oui, tout est dans un mot, dans ce seul mot : Justice !
Hommes, courbez le front sous son pouvoir propice ;
  Vénérez son autel !
Pour un vil intérêt, pour un gain sacrilége,
Si vous foulez aux pieds celle qui nous protége,
  Son courroux est mortel !
Redoutez sa vengeance, ou prochaine ou tardive ;
Vouez aux vieux parents la tendresse attentive,
  Honneur de vos foyers ;
Faites à l'étranger oublier ses fatigues ;
Ouvrez-lui vos maisons ; soyez pour lui prodigues
  De soins hospitaliers !

[1] Allusion politique à la situation d'Athènes sous Périclès.

Aimez donc l'équité, pour elle, et sans contrainte;
  Aimez-la, puis bravez la crainte :
Même au sein du malheur, vous aurez un appui.
Mais le violateur des lois, égide sainte,
N'attente pas en vain aux libertés d'autrui :
Son antenne brisée et sa voile en dérive,
Il verra tôt ou tard que le naufrage arrive,
  Que le juste est plus fort que lui !

Il invoque les dieux, mais sa prière est vaine;
  Le tourbillon gronde et l'entraîne !
Cet homme audacieux et sûr de l'avenir,
Le Ciel rit à le voir, enlacé sous la chaîne
Qui le rive à l'écueil... C'est là qu'il doit finir !
Car sur ce roc fatal se dresse la vengeance;
Tout fuit, gloire, bonheur! C'est la mort, le silence;
  Pas un regret, un souvenir !

MINERVE , accompagnée des juges de l'Aréopage, ORESTE ,
  LES EUMÉNIDES, LES JUGES, UN HÉRAUT, ATHÉNIENS
  ET ATHÉNIENNES.

MINERVE.

Héraut, contiens la foule à ta voix réunie !
Que la trompe d'airain, de souffle humain remplie,
Des sons tyrrhéniens que l'éclat pénétrant
Annoncent que ce jour est solennel et grand !
Qu'on se taise à l'aspect du tribunal auguste;
Que dans l'ordre et la paix délibère le juste !

La loi de l'avenir se révèle aujourd'hui ;
Le droit va prononcer, et Minerve avec lui !

LES MÊMES, APOLLON.

LE CHOEUR.

Règne au ciel, Apollon ! mais, dis-nous, est-il sage
D'intervenir ici ?

APOLLON.

Je dois mon témoignage
Au suppliant qui vint embrasser mon autel :
Je l'ai purifié d'un acte criminel ;
Ainsi de l'attentat je deviens solidaire :
Que l'on m'accuse aussi du meurtre de sa mère !

(A Minerve.)

J'accepte ces débats, que tu vas diriger ;
Par toi sanctionnés...

MINERVE, montrant le tribunal.

J'assiste... Ils vont juger.

(Aux Euménides.)

Vous accusez... à vous de parler les premières !
Sans voile exposez-nous les faits ; soyez sincères.

LE CHOEUR.

Nombreuses contre un seul, mais sobres en discours,
Nous parlerons...

(A Oreste.)

Veux-tu répondre sans détours ?
Parole pour parole... As-tu tué ta mère ?

ORESTE.

Je l'ai fait; j'en conviens.

LE CHOEUR.

Il a touché la terre ;
L'athlète, au premier choc, est tombé sous le coup !

ORESTE.

Vous triomphez trop tôt, car l'athlète est debout.

LE CHOEUR.

Comment l'as-tu commis, ce meurtre ?

ORESTE.

Par l'épée...
En lui perçant le cœur.

LE CHOEUR.

Mais quand tu l'as frappée,
Qui donc te conseillait ? qui te poussait ?

ORESTE.

D'un dieu
(Je l'atteste, il est là) j'accomplissais le vœu.

LE CHOEUR.

Son oracle t'a dit d'assassiner ta mère ?

ORESTE.

Et je n'ai pas regret de ce que j'ai dû faire.

LE CHOEUR.

Bientôt l'arrêt fatal fléchira ce grand cœur.

ORESTE.

Mon père en son tombeau sera mon défenseur.

LE CHOEUR.

Entre les morts et toi se dresse ta victime.

ORESTE.

Le bras qui l'immolait vengeait un double crime.

LE CHOEUR.

Prouve-le donc devant tes juges, devant tous !

ORESTE.

Elle égorgea mon père en frappant son époux.

LE CHOEUR.

Elle a tout expié ; mais toi, toi, parricide,
Tu vis !...

ORESTE.

Que n'avez-vous poursuivi la perfide?

LE CHOEUR.

Celui qu'elle a tué n'était pas de son sang.

ORESTE.

Eh ! suis-je donc du sien ?

LE CHOEUR.

O monstre, dans son flanc
Qui t'a nourri?... Le sang, le pur sang d'une mère,
Peux-tu le renier?

ORESTE.

Apollon tutélaire,
Sois témoin !... J'ai frappé ; l'ai-je fait justement?
Oui, je fus l'assassin ; je le dis hautement.
Mais ce sang répandu demande-t-il vengeance?
Tes discours sont ma force ; ils seront ma défense.

APOLLON.

Juges institués par Minerve, ma sœur,
Le dieu qui va parler n'est pas un dieu menteur.
Hommes, femmes, cités, m'ont toujours vu sincère
N'annoncer que les lois de Jupiter, mon père :
C'est elles que je vais enseigner aujourd'hui;
Je ne prononce rien qui n'émane de lui.

Devant sa volonté j'exige qu'on s'incline ;
Un serment ne peut rien contre la loi divine.

LE CHŒUR.

Ainsi c'est Jupiter qui l'avait ordonné ?
Oreste, pour venger son père assassiné,
Devait tuer sa mère, en se rendant infâme ?

APOLLON.

Osez-vous comparer le trépas d'une femme
Au meurtre d'un héros qui règne par les dieux ?
Une noble ennemie, à la face des cieux,
Vint-elle à sa rencontre, amazone intrépide,
Lançant au loin ses traits ?... Connaissez la perfide,
Minerve, et vous, choisis pour juger ces débats !
Il revenait, joyeux, après tant de combats,
Tant d'exploits, de périls !... Une voix caressante
L'accueille ; un bain l'attend... Il en sort... Souriante,
L'épouse a su couvrir ses membres affaiblis
D'un voile qui l'enlace en ses mille replis [1] ;
Puis elle frappe ! Ainsi succomba sans défense
Ce roi, chef d'une armée et d'une flotte immense.
Il faut (et j'en appelle au peuple qui m'entend)
Que des cœurs indignés sorte le jugement.

LE CHŒUR.

S'il faut t'en croire, aux yeux du maître du tonnerre,
La mère n'est plus rien devant les droits du père.

---

[1] Dans l'*Agamemnon* (1re partie de *l'Orestie* d'Eschyle), Egisthe désigne lui-même ce voile dans lequel est étendu le cadavre du monarque assassiné : « Je le vois donc enfin enveloppé dans ce voile tissu par les Furies ! » (*Agamemnon*, vers 1589.)

Pourquoi Saturne alors enchaîné par son fils?
Le tribunal verra si tu te contredis.

APOLLON.

Monstres sans nom, des dieux et l'horreur et la haine,
On sort d'une prison et l'on brise une chaîne;
Il est plus d'un remède à la captivité;
Mais un mort ne sort plus du sol ensanglanté,
Et nul ne s'est levé, renaissant de sa tombe.
Mon père, devant qui tout s'abaisse et succombe,
Qui tient le ciel, l'enfer suspendus à son bras,
Est sans enchantements pour vaincre le trépas.

LE CHOEUR.

Tu crois défendre Oreste?... Et le sang de sa mère,
Son propre sang, peut-il le ravir à la terre?
Il reverrait Argos, le palais paternel!
Quel dieu le laissera s'approcher de l'autel?
Quel frère sur ses mains versera l'eau lustrale?

APOLLON.

Je dois montrer enfin cette part inégale
De la mère et du père : en son sein renfermé,
La mère abrite un germe; un autre l'a semé;
Lui seul crée et produit; si nul dieu n'est contraire,
Elle sauve le fruit, gardienne hospitalière.
Pour le prouver, je cite un exemple fameux :
Sans mère, il peut éclore un germe généreux.
Fille de Jupiter, tu naquis glorieuse;
Nul flanc ne te conçut dans sa nuit ténébreuse;
Quelle déesse au ciel (j'en atteste ton nom)
Eût pu s'enorgueillir d'un pareil rejeton?

Je veux servir ton peuple, et ce que je demande,
C'est qu'il soit florissant, et qu'Athènes soit grande.
Celui que je t'adresse est plus qu'un suppliant;
C'est un ami fidèle, un défenseur constant :
Signe avec lui ce pacte, et que sa descendance
De ton peuple et d'Argos confirme l'alliance [1] !

MINERVE.

C'est assez de discours; juges, tout est connu;
D'un équitable arrêt le moment est venu.

LE CHOEUR.

Nos traits sont épuisés ; on a lu dans notre âme ;
Attendons la sentence...

MINERVE.

    Echapperai-je au blâme,
Quoi que je puisse faire ?...

LE CHOEUR, au tribunal.

    Arbitres tout-puissants,
Vous avez entendu ; songez à vos serments !

MINERVE.

Peuple d'Athène, apprends ce que ma loi t'impose ;
Toi, sénat, qu'inaugure une sanglante cause,
Pour le peuple d'Égée érigé par ma main,
Tu siégeras toujours, tribunal souverain,
Sur ce mont où de Mars la mémoire est vivante !
L'amazone en courroux y déploya sa tente [2],

---

[1] Le poëte place ici, dans la bouche du dieu même, l'allusion qu'il a déjà faite (voyez, p. 45) au traité d'union conclu entre Argos et Athènes, peu de temps avant la représentation des *Euménides*.

[2] Une tradition fabuleuse a consacré l'invasion des Amazones dans l'Attique et le siége d'Athènes par ces guerrières. Plutarque rappelle cette tradition dans sa *Vie de Thésée*.

Quand, maudissant Thésée et bravant ce héros,
Elle opposa ses tours à nos remparts nouveaux,
Et pour honorer Mars par un pieux hommage,
Salua ce rocher du nom d'Aréopage [1]!
Sur ce mont, désormais doublement vénéré,
Veillera, nuit et jour, le tribunal sacré.
Le droit seul régnera, pourvu qu'un peuple sage
Ecarte de ses lois tout impur alliage :
Quel remède à sa soif trouvera l'imprudent,
Souillant d'un noir limon l'eau pure du torrent?
Craignez le despotisme et fuyez l'anarchie;
Malheur à la cité de tout joug affranchie!
Car, si l'homme est sans frein, que devient l'équité?
Dans ce saint tribunal, par vous tous respecté,
Athène a pour jamais un rempart tutélaire,
Qu'à mon peuple enviera toute ville étrangère,
La terre de Pélops, le Scythe, ami des lois!
Sénat incorruptible, il défendra vos droits;
Prompt à frapper, pendant que la cité sommeille,
Gardien de vos foyers, il vous protége, il veille.
Oui, voilà mes conseils, mes vœux pour l'avenir!
(Aux juges.)
Maintenant levez-vous pour absoudre ou punir;
L'urne est là ; prononcez; un serment vous engage;
J'ai tout dit; la parole est à votre suffrage.
(Les juges se lèvent, et vont, chacun à leur tour, déposer leurs
votes.)
(Pendant le vote.)
LE CHOEUR, aux juges.
Ne portez pas atteinte aux puissances d'enfer;

---

[1] Ἄρειος πάγος, *Martius mons*, colline de Mars.

Ne nous offensez pas !

APOLLON, aux juges.

Respectez Jupiter !
Son oracle et le mien veulent qu'on les vénère.

LE CHOEUR, à Apollon.

Tu défends une cause à tes droits étrangère,
Une cause de sang ! Ta présence en ce lieu
Avilit ton oracle...

APOLLON.

En exauçant le vœu
D'Ixion, le premier homicide [1], mon père
Dépassa donc ses droits ?...

LE CHOEUR.

Malheur à cette terre
(Quoi que tu puisses dire), oui, malheur à tous ceux
Qui refusent justice !

APOLLON.

Anciens et nouveaux dieux
Dédaignent vos fureurs, et ma victoire est sûre.

LE CHOEUR.

Sous le toit de Phérès [2], aux dieux tu fis injure,
Quand la Parque, cédant à ton vœu criminel,
Ouvrit aux jours d'un homme un parcours éternel !

APOLLON.

A qui nous protégea l'on doit reconnaissance
En tout temps, et surtout s'il réclame assistance.

---

[1] Voyez la note, p. 52.

[2] Père d'Admète, qui avait été le bienfaiteur d'Apollon, et que ce dieu avait récompensé par l'immortalité. (Voyez l'*Alceste* d'Euripide.)

LE CHOEUR.

Tu corrompis la Parque, et nous, tu nous trompas,
Quand le vin, le sommeil [1]...

APOLLON.

Vous ne nous vaincrez pas ;
Préparez vos poisons ; la défaite est prochaine.

LE CHOEUR.

Jeune, insulte à notre âge, et satisfais ta haine !
J'attends l'arrêt ; d'Athène il contient l'avenir,
Et nous saurons bientôt qui nous devons punir.

(Pendant ce dialogue, tous les votes ont été déposés dans l'urne.)

MINERVE.

A moi, dans ce procès, de voter la dernière :
Mon vote est pour Oreste ; à lui ma blanche pierre.
Je n'ai pas eu de mère et je suis sans époux ;
Mais du sexe viril mon cœur n'est pas jaloux :
Je reconnais ses droits ; car je lui dois mon père.
Vengerais-je la mort de cette meurtrière
Egorgeant le mari, gardien de sa maison ?
Oreste a dû punir sa lâche trahison.

---

[1] Elles reprochent à Apollon de les avoir endormies, à l'aide d'une boisson enivrante, afin de faciliter la fuite d'Oreste. Voyez précédemment (p. 37) ce que dit Clytemnestre des *libations sans vin* qu'elle a offertes aux Euménides. C'étaient, en effet, les seules qu'il fût permis d'offrir à ces déesses. Voyez aussi la tragédie d'*Œdipe à Colone* (t. II, p. 168). Nous avons adopté la leçon la plus généralement suivie, οἴνῳ, à laquelle Stanley et Schütz ont substitué ὕπνῳ (le sommeil). Mais, par notre interprétation qui concilie les deux versions, nous avons donné au mot οἴνῳ le sens véritable qu'il doit avoir ici.

Si par un nombre égal le vote se partage,
Il est sauvé !... Vieillards préposés au suffrage,
Videz l'urne et comptez !

(Plusieurs des juges se lèvent et font le dépouillement des suffrages.)

ORESTE.

Je frissonne... j'attends !
Apollon, dois-je craindre ?

LE CHOEUR.

O Nuit, vois tes enfants !
Nuit sombre, nous vois-tu ?

ORESTE.

Cet arrêt, c'est la vie,
Ou le lacet fatal !

LE CHOEUR.

Pour nous, c'est l'infamie,
Ou nos droits reconnus, le respect et l'honneur !

APOLLON, aux juges, pendant que le dépouillement s'achève.

Comptez bien ! Redoutez ou la fraude ou l'erreur !
Un suffrage de moins, c'est l'opprobre peut-être ;
Un seul suffrage tue ; un seul nous fait renaître.

(On a compté les voix. — Quand tout est terminé :)

MINERVE.

Cet accusé de meurtre est pur aux yeux de tous ;
Le nombre est des deux parts égal... Il est absous !

ORESTE.

Soutien de ma maison, divinité chérie,
Pallas, à l'exilé tu rends une patrie !
« Voilà, diront les Grecs, grâce aux dieux immortels,
« Cet Argien rentré dans les biens paternels ! »

Oui, Minerve, Apollon, et toi, dieu tutélaire,
Dieu suprême, honorant et regrettant mon père,
Vous m'avez préservé de ces terribles sœurs,
Pour ma mère au tombeau suscitant des vengeurs !
Je jure à ce pays, je jure à son armée
Alliance éternelle, ô ma déesse aimée [1] !
Je rentre en mes foyers, mais avec le serment
Que jamais roi d'Argos ne viendra, menaçant,
Apporter sur ces bords l'agression fatale.
Je saurai bien, plongé dans la nuit sépulcrale,
S'ils osaient quelque jour enfreindre cette loi,
Vengeant par leurs revers cet outrage à ma foi,
Semer de tant d'écueils la conquête promise,
Qu'ils se repentiront de l'avoir entreprise.
S'ils gardent mes serments aux remparts de Pallas,
S'ils vous viennent en aide à l'heure des combats,
Un éternel amour à leurs destins m'enchaîne.
Adieu, déesse, adieu, noble cité d'Athène !
Sois forte, et que ta lance, effroi des ennemis,
Soit à jamais l'honneur, le salut du pays !

                              (Il s'éloigne.)

LES MÊMES, moins ORESTE.

LE CHOEUR.

Dieux nouveaux ! ô mortelle offense !
Vous brisez nos antiques droits !

---

[1] Nous avons déjà fait remarquer plus haut (voyez p. 46 et 63) l'al-

De nos mains, ô crime! ô vengeance!
Vous arrachez l'arme des lois!...
Pour nous, race infâme et proscrite,
La douleur, la rage et la fuite!
Mais sur cette terre maudite
De nos cœurs versons les poisons!
Qu'il soit stérile et sans culture,
Ce sol, qui sauve le parjure ;
Coulez, venins ; ô terre impure,
Reçois la mort dans tes sillons!
Pourquoi gémir? Que faire? Où suis-je?
Haine sans nom qui nous poursuit!
Oh! quel opprobre on nous inflige,
A nous, les filles de la Nuit!

MINERVE.

Modérez ces transports! Il n'est pas, je l'atteste,
De défaite pour vous dans le bonheur d'Oreste :
Il doit sa délivrance au partage des voix,
Et vous cédez sans honte au pouvoir de nos lois.
De Jupiter parlait l'éclatant témoignage ;
Un Dieu même était là, défendant son ouvrage,
Disant que son oracle à ce fils irrité
Avait de l'attentat promis l'impunité.
Ne vouez pas Athène à d'injustes vengeances!
N'allez pas, de ce sol desséchant les semences,
Distillant goutte à goutte un infernal poison,
Dans le germe flétri dévorer la moisson!

lusion qu'Eschyle renouvelle ici pour la troisième fois, et d'une manière plus solennelle encore, au traité d'amitié qui venait d'être
conclu entre les Athéniens et les Argiens, peu de temps avant la
représentation de *l'Orestie*.

Je vous promets qu'ici de pieuses retraites
S'ouvriront justement pour abriter vos têtes ;
Vous aurez des autels, ornement du foyer,
Et chez nos citoyens un culte hospitalier.

LE CHOEUR.

Dieux nouveaux ! ô mortelle offense !
Vous brisez nos antiques droits !
De nos mains, ô crime ! ô vengeance !
Vous arrachez l'arme des lois !
Pour nous, race infâme et proscrite,
La douleur, la rage et la fuite !
Mais sur cette terre maudite
De nos cœurs versons les poisons !
Qu'il soit stérile et sans culture,
Ce sol qui sauve le parjure ;
Coulez, venins ; ô terre impure,
Reçois la mort dans tes sillons !
Pourquoi gémir ? Que faire ? Où suis-je ?
Haine sans nom qui nous poursuit !
Oh ! quel opprobre on nous inflige,
A nous, les filles de la Nuit !

MINERVE.

Intact est votre honneur : point d'aveugle colère ;
Des hommes épargnez la terre nourricière !
De Jupiter d'ailleurs j'ai l'amour et l'appui ;
Dois-je donc vous l'apprendre ? Et je sais avec lui,
Je sais seule en quel lieu repose son tonnerre ;
Faut-il le réveiller ? Non, ma voix vous éclaire :
Ne nous maudissez plus ! N'épanchez plus sur nous
Ces traits envenimés, ces flots d'un noir courroux !

En ces lieux, près de moi, des pieux sacrifices,
Aux fêtes de l'hymen, vous aurez les prémices;
Et vous m'applaudirez, heureuses à jamais
D'écouter mes conseils de concorde et de paix !

LE CHŒUR.

O souffrance ! ô terre abhorrée !
O vieillesse déshonorée !
Moi, vivre ici ! Malheur ! malheur !
O sol maudit ! Rage et délire !...
Enfer, à moi !... Je ne respire
Que violence et que fureur !
Là... dans mon sein... quelle blessure !...
Entends-tu mes cris de douleur,
Nuit, ma mère ?... Le Ciel parjure,
Des dieux la ruse et l'imposture,
M'ont ravi mon pouvoir vengeur !

MINERVE.

Vous ne m'offensez pas ; j'excuse la vieillesse.
Si je ne fus jamais votre égale en sagesse,
Jupiter ne m'a pas refusé la raison :
Irez-vous habiter quelque autre région ?
Vous nous regretterez ; croyez-en mes présages !
Un avenir illustre attend ces beaux rivages ;
Près des murs d'Érechthée un glorieux séjour,
Des femmes, des guerriers les présents et l'amour,
Vous assurent l'honneur, la majesté sacrée,
Que vous ne trouverez dans nulle autre contrée.
Mais craignez mon courroux, si, fuyant de ces lieux,
Vous semez la discorde en des cœurs généreux,

Et si, d'un souffle impur souillant notre jeunesse,
Vous lui donnez du sang l'abominable ivresse ;
Si nos fils, plus cruels que des coqs en fureur,
Dans la lutte intestine épuisent leur valeur !
Une guerre étrangère (elle est toujours prochaine)
Par l'honneur et la gloire au devoir nous enchaîne :
Que la brute en délire aime d'autres combats !
Je vous offre la paix ; ne la repoussez pas.
Répandez le bienfait ; vous aurez les hommages ;
Athènes, chère aux dieux, vous accueille en ses plages !

LE CHOEUR.

O souffrance ! Malheur ! malheur !...
O vieillesse déshonorée !
Vivre en cette terre abhorrée !
Haine sur toi, séjour d'horreur !
O sol maudit ! Rage et délire !...
Enfer, à moi !... Je ne respire
Que violence et que fureur !
Là... dans mon sein... quelle blessure !...
Entends-tu mes cris de douleur,
Nuit, ma mère ?... Le Ciel parjure,
Des dieux la ruse et l'imposture,
M'ont ravi mon pouvoir vengeur !

MINERVE.

Vous ne parviendrez pas à lasser mon courage ·
Non, vous ne direz pas qu'au mépris de votre âge
Une jeune déesse, un peuple hospitalier,
Vous ont avec outrage interdit leur foyer.
O Persuasion, sainte et douce Prière,
Viens à mon aide ; apaise et fléchis leur colère !...

Et vous, cédez, restez!... Si vous quittez ces lieux,
D'un injuste retour ne payez pas nos vœux;
Doivent-ils inspirer la vengeance et la haine?
N'appelez pas le deuil sur la cité d'Athène;
Acceptez dans ses murs, chers aux dieux immortels,
Un éternel refuge, un culte et des autels!

LE CHOEUR.

Que sera cet asile, ô puissante déesse?

MINERVE.

Calme, exempt de tous maux; croyez-en ma promesse.

LE CHOEUR.

Mais si nous consentons, quels seront nos honneurs?

MINERVE.

Ceux que toute maison doit rendre à ses sauveurs:
Point de bonheur sans vous!

LE CHOEUR.

       Tu nous ferais si grandes?

MINERVE.

J'enrichirai les mains pour vous riches d'offrandes.

LE CHOEUR.

Ce vœu, pourras-tu donc en tout temps le remplir?

MINERVE.

Ce que promet Minerve, elle sait l'accomplir.

LE CHOEUR.

Tu désarmes ma haine; à tes pieds je l'abjure.

MINERVE.

Va! l'amitié d'Athène est une amitié sûre.

LE CHOEUR.

Quels biens dois-je pour elle implorer désormais?

MINERVE.

Des victoires sans deuil, triomphes de la paix,
Les vrais biens, un' ciel pur, une terre féconde,
Le souffle heureux des vents et la fraîcheur de l'onde ;
Un bienfaisant soleil, aux splendides rayons,
Salutaire aux troupeaux, salutaire aux moissons,
Donnant l'éclat aux fleurs, aux sillons l'abondance,
A l'homme un cœur joyeux, la force et l'opulence.
Poursuivez le méchant ! J'ai le juste en honneur ;
Sur lui je veille, ainsi qu'au troupeau le pasteur :
Vous le préserverez de tout destin funeste ;
Tels seront vos devoirs ; je me charge du reste,
Si d'Athène irritée on vient troubler la paix,
Et sa gloire en mes mains ne périra jamais.

LE CHŒUR.

De Minerve acceptons l'asile ;
Ne dédaignons pas cette ville
Que Mars et Jupiter Sauveur
Ont faite grande et vénérée ;
Des dieux demeure préférée,
Des autels gardienne honorée,
Des Grecs le rempart protecteur !
Qu'elle soit toujours riche et belle ;
Que son bonheur se renouvelle ;
Que le soleil verse sur elle
Et l'abondance et la splendeur !

MINERVE.

Mes prières ne sont plus vaines ;
Je m'en applaudis pour Athènes ;

J'ai vaincu ces divinités,
Arbitres des choses humaines,
Aux implacables volontés !
Celui qui brave leur empire
Languit, succombe, et ne sait pas
D'où vient le mal qui le déchire !
En silence la mort avec elles conspire ;
Le péché des aïeux pousse l'homme au trépas ;
Près de toucher le but où son orgueil aspire,
L'Euménide en courroux l'étouffe entre ses bras !

LE CHOEUR.

D'un souffle empesté que la rage
Epargne l'arbre et son ombrage ;
(Vœux nouveaux, sortez de mon cœur !)
Qu'ils n'atteignent pas vos rivages,
Ces poisons aux brûlants ravages,
Portant sur les plus riches plages
La stérilité, la douleur !
Que tous vos troupeaux soient prospères,
Et les femelles deux fois mères !
Pour tous ces dons que vos prières
Montent au ciel avec ferveur !

MINERVE, aux juges de l'Aréopage.

Vous l'avez entendu, vieillards, salut d'Athènes !
Vous connaissez leurs vœux.
Puissante est leur parole aux plages souterraines,
Puissante dans les cieux.
L'homme attend leurs décrets ; il les sait toujours prêtes
Aux bienfaits, aux rigueurs :

Pour celui-ci, la joie, et les chants et les fêtes ;
Pour celui-là, les pleurs.

LE CHOEUR.

J'éloignerai les morts hâtives
Qui moissonnent l'homme en sa fleur ;
Je veux des épouses craintives
Protéger le jeune bonheur.
Parques, veillez, veillez sur elles,
De ma mère, ô sœurs éternelles ;
O vous qui des choses mortelles
Tenez le destin dans vos mains !
Du foyer royauté puissante,
En tous lieux, en tout temps présente,
Justice toujours vigilante,
En honneur au ciel, aux humains !

MINERVE.

Pour le pays que j'aime, ô bonté qui me touche !
Que ces vœux me sont doux !
Le dieu qui persuade a parlé par ma bouche,
Et vaincu leur courroux.
Jupiter, je te dois ce pouvoir qui désarme,
Dieu des nobles discours [1] !
Victoire en biens féconde, et triomphe sans larme
Qui promet de beaux jours !

LE CHOEUR.

De maux, de pleurs insatiable,
Mer frémissante aux flots impurs,
Que la discorde impitoyable
Ne gronde jamais dans vos murs !

[1] Ζεὺς ἀγοραῖος, « Jupiter Agoréen, » dieu de la tribune, de l'*Agora*.

Que la terre, de sang rougie,
N'appelle pas, inassouvie,
Et la vengeance et la furie !
Frères de cœur et de travaux,
Ayez en commun joie et peine ;
Ayez même amour, même haine !
L'union grandit l'âme humaine ;
C'est un remède à tous les maux.

MINERVE.

Ecoutez leurs conseils ; croyez que leur sagesse
    Ouvre la route du bonheur !
Elles vous apportaient la grandeur, la richesse,
    Sous cet aspect plein de terreur.
Aimez donc qui vous aime, et qu'un accueil propice
    De vos cœurs montre l'équité ;
    Glorifiez par la justice
L'heureux sol de l'Attique et sa noble cité !

LE CHOEUR.

    Ayez tous les biens en partage ;
      Peuple d'Athène, adieu !
    Jupiter chérit ce rivage ;
Vivez près des autels sous le regard du dieu !
    Adorez la vierge immortelle,
Guide fidèle et sûr qui vous sauve aujourd'hui !
    Ceux qui reposent sous son aile
    De son père ont toujours l'appui.

MINERVE, aux Euménides.

A vous aussi, salut ! Et je veux la première
    Vous montrer vos autels nouveaux,

Temple mystérieux, demeure hospitalière,
    Où vous conduiront nos flambeaux !
Mais, avant d'y descendre, acceptez nos victimes !
    Détournez toujours de ces lieux
    Le deuil, les fléaux et les crimes ;
Donnez-nous la victoire et des jours glorieux !
Enfants de Cranaüs [1], marchez, ô fils pieux,
    Devant ces hôtes magnanimes ;
    Méritez leurs dons généreux !

LE CHOEUR.

    Adieu de nouveau, noble ville ;
    Et vous, dieux et mortels,
    Habitants de ce sol fertile
Que Pallas a comblé de bienfaits éternels !
    Si vous honorez notre asile,
Retraite auguste et sainte accordée à nos vœux,
    Ces murs, d'où le malheur s'exile,
    N'entendront que des chants joyeux.

MINERVE.

Je bénis vos souhaits pour ma cité d'Athène ;
Je veux qu'en votre asile, en sa nuit souterraine,
Mes prêtresses, quittant mon temple et leurs travaux,
Répandent la lumière et l'éclat des flambeaux.
Du pays de Thésée, ô vierges, fleurs brillantes,
Mères aux cheveux blancs, sous les ans chancelantes,
Trésor de nos foyers, venez, femmes, enfants,
Venez, couverts de pourpre, et confondez vos chants !

---

[1] Ancien roi de l'Attique, fils de Cécrops. Ce nom appartient aux époques fabuleuses ; il était consacré par la tradition, et resté en honneur à Athènes.

Fêtez ces déités, citoyennes nouvelles ;
Qu'en vos mains mille feux rayonnent autour d'elles ;
Qu'un pacte d'union, consenti pour jamais,
Soit pour Athène un gage et de gloire et de paix !

LES MÊMES , CHOEUR DE PRÊTRESSES , DE FEMMES , DE
JEUNES FILLES , portant des torches et accompagnant les
Euménides qui s'éloignent.

LE CHOEUR DES PRÊTRESSES, FEMMES ET JEUNES FILLES.

Entrez au nouveau temple, ô saintes, redoutables !
De la Nuit filles vénérables !
Voyez tout ce cortége et ces feux allumés !
(Au peuple.)
Priez tous, acclamez !

Comme en vos antiques ténèbres,
Dans ces lieux vénérés, aimés,
Vous trouverez honneurs, sacrifices funèbres !
(Au peuple.)
Priez tous, acclamez !

Soyez douces à ce rivage !
Que votre cœur s'émeuve à ces mille clartés,
A ces respects, à cet hommage !
(Au peuple.)
Vous, sur notre passage,
Applaudissez, chantez !

Ne manquez jamais à ce temple,
Libations, flambeaux, dons et vœux répétés !
La Parque est notre appui ; Jupiter nous contemple !
(Au peuple.)
Applaudissez, chantez !

FIN DES EUMÉNIDES.

REMARQUES ET RAPPROCHEMENTS LITTÉRAIRES

SUR

LA TRAGÉDIE DES EUMÉNIDES.

Page 11 (Avant-propos et Notice).

« ... On a conjecturé que ce petit drame, où il s'agissait sans
doute de l'aventure de Protée (le roi d'Egypte) avec Hélène et Ménélas, pouvait se rattacher encore au sujet de *l'Orestie*. »

On sait qu'il y a eu deux Protée : 1° le Protée de la fable,
dieu marin, fils de Neptune et de Phénice. Il savait l'avenir,
mais ne le révélait que par force, et, pour échapper à ceux
qui le poursuivaient, changeait de forme à volonté (voyez
Géorgiques, liv. IV, v. 386 et suiv.) ; 2° le Protée de l'histoire,
ancien roi d'Egypte (vers 1280 avant J.-C.). Celui-ci aurait
reçu Hélène et Pâris, jetés par la tempête sur les côtes
d'Egypte. Suivant une tradition opposée à celle d'Homère,
il aurait retenu la princesse adultère, et l'aurait rendue à
Ménélas après la prise de Troie. C'est ce personnage, demi-
historique, demi-fabuleux, qui formait, dit-on, le sujet du
drame satirique, dont il ne nous reste plus rien, pièce com-
plémentaire de la tétralogie d'Eschyle, *l'Orestie*.

Page 31.

... Il vint sur nos rivages,
Délaissant de Délos les rocs, les marécages, etc.

On peut rapprocher ce passage du vers de Callimaque, dans son bel hymne à Délos :

Κείνη δ'ἠνεμόεσσα καὶ ἄτροπος, οἷα θ' ἁλιπλὴξ [1]...

« Escarpée, inaccessible, battue par l'orage et par les vents... »

Au début du morceau, il dépeint cette île fameuse sous des couleurs plus riantes :

« Dis-moi, ô Muse, quand l'auguste Délos, cet illustre berceau d'Apollon, aura place dans tes chants. Elles sont dignes de toutes les louanges, les Cyclades vénérées, que la mer Egée baigne de ses flots ; mais c'est à Délos qu'est dû le premier tribut d'honneur. C'est elle qui reçut la première le dieu de la poésie, quand il toucha le seuil de l'existence. C'est elle qui le caressa de ses ondes pures, l'enveloppa de langes et de riches bandelettes, le coucha dans un berceau, en chantant des hymnes à sa gloire. . . . . Aussi le dieu dédaigne-t-il ceux qui dans leurs chants oublieraient la riante Délos. »

Selon la tradition, cette île fut d'abord errante sur les eaux, sous le nom d'Astérie, parce que, toute brillante de lumière, elle était tombée des cieux comme une étoile. Callimaque, dans l'hymne que nous avons cité, décrit poétiquement les voyages de l'île errante; il raconte comment le nautonier qui, parti du bord de Trœsène, l'avait vue s'arrêter dans le golfe Saronique, la cherchait vainement à son retour; comment, des rivages où mugissent les flots resserrés de l'Euripe, elle nageait vers les rochers de Sunium, puis courait aux rivages de Chio, ou côtoyait les bords riants de l'humide Parthénie, qui n'avait pas encore reçu de ses habitants le nom de Samos. « Mais du moment où tu souris à la naissance d'Apollon, ajoute le poëte, le nautonier te connut sous le nom de Délos, parce que tu cessas ainsi de t'égarer sur les mers, et que ton sol s'affermit au milieu de l'Égée. » (*Hymnes* de Callimaque.)

Page 33.

> Errante... ô déshonneur ! faut-il le répéter ?
> L'Enfer même m'accuse et veut me rejeter !

---

[1] *Hymnes* de Callimaque, Ὕμνος IV, v. 11.

Crébillon, dans sa tragédie d'*Electre*, a imité ce passage, et a mis la même pensée dans la bouche d'Oreste, poursuivi par ses remords. Nous citerons ce fragment dont l'extrême faiblesse est à peine rachetée par le vers imité d'Eschyle.

> Grâce au Ciel, on m'entr'ouvre un chemin aux enfers!
> Descendons ; les enfers n'ont rien qui m'épouvante ;
> Suivons le noir sentier que le sort me présente ;
> Cachons-nous dans l'horreur de l'éternelle nuit !
> Quelle triste clarté dans ce moment me luit !
> Qui ramène le jour dans ces retraites sombres ?
> *Que vois-je ? Mon aspect épouvante les ombres !*
> Que de gémissements ! que de cris douloureux !
> Oreste !... Qui m'appelle en ce séjour affreux ?
> CRÉBILLON, *Electre*, acte V, sc. IX.

C'est dans la préface de cette même tragédie d'*Electre*, que Crébillon, avec une singulière naïveté d'amour-propre, cherche à démontrer la supériorité de son personnage d'Electre sur l'Electre d'Eschyle, de Sophocle et d'Euripide.

Page 37.

> C'est moi, c'est Clytemnestre, ô déesses des nuits !
> Me voyez-vous en songe ? Entendez-vous mes cris ?
> (Les Euménides gémissent pendant leur sommeil.)

C'est ici que certains traducteurs (même de La Porte du Theil, cédant à son penchant pour l'originalité, qu'il ne sait pas toujours séparer du trivial) ont placé ce fameux *ronflement* des Furies, au sujet duquel s'est si fort égayé La Harpe, mais qui ne se trouve pas dans Eschyle. Les mots μυγμός et ὠγμός qui, à certains intervalles, coupent le monologue de Clytemnestre, ainsi que nous l'avons indiqué en donnant à ces mots ce qui nous paraît leur véritable sens sont le fait d'annotateurs et ont été conservés par la tradition, à titre d'indications de mise en scène (chose exceptionnelle, pour ne pas dire inconnue, dans le théâtre grec). Mais lors même que l'authenticité de ces indications, comme appartenant à Eschyle lui-même, serait constatée, il n'en résulterait pas qu'il faudrait les interpréter d'une manière grotesque et qui en fausse le sens littéral.

Laissons parler ici M. Patin, dont la savante et ingénieuse critique sera pourtant, de notre part, l'objet de quelques observations, tant il nous semble utile de porter sur ce point une entière lumière :

« La scène suivante, dit M. Patin [1], où l'ombre de Clytemnestre vient réveiller les Furies, cette scène, d'une conception si originale et d'un effet si terrible, n'a pas davantage obtenu grâce auprès du critique (La Harpe). Il emploie, pour la faire connaître, une traduction de Lefranc de Pompignan, qu'il lui plaît de déclarer fidèle, et il ne manque pas, avec ce consciencieux traducteur, d'interrompre à tout instant les discours de Clytemnestre par cette parenthèse bouffonne : *Les Euménides ronflent.* Je sais fort bien que cette parenthèse n'est pas du fait de Lefranc de Pompignan, qui l'a prise, ainsi que depuis de La Porte du Theil, dans les éditions grecques. Mais je sais aussi qu'un judicieux éditeur, M. Boissonade, l'a supprimée et avec grande raison [2]. D'abord, ces sortes d'explications, mises entre parenthèses, n'ont rien que de fort étranger à la poésie grecque, qui s'explique ordinairement assez d'elle-même, sans ce secours ; ensuite, si les ronflements des Furies *sont indiqués dans les vers d'Eschyle*, il est probable que Clytemnestre était seule à les entendre... »

L'observation que nous voulons faire, la voici : M. Patin cite en note, comme vers où sont indiqués *les ronflements* des Furies, les vers 53, 117, 121 des *Euménides*. C'est ce que l'éminent critique et historien du théâtre grec nous permettra de ne pas admettre avec lui : le ronflement des Furies ne semble indiqué que dans le vers 53 :

Ῥέγκουσι δ'οὔ πλατοῖσι φυσιάμασιν.

que nous avons traduit par ce vers :

Il sort de leur poitrine un souffle impétueux.

Il ne faut pas oublier que ρεγκόμαι, poétiquement et par extension, se prend pour *dormir*. Mais même, en ne discu-

---

[1] *Etudes sur les tragiques grecs*, t. Ier, p. 388 (1re édit. in-8).
[2] Voyez l'*Eschyle* de Boissonade, t. II, p. 147.

tant pas sur le mot, Eschyle ne parlerait du ronflement des Furies que lorsqu'elles ne sont pas en présence du spectateur ; car c'est la Pythie qui raconte les avoir vues en cet état. Lorsqu'elles sont en scène, le poëte s'exprime autrement, et Clytemnestre, cherchant en vain à les réveiller, leur dit : μύζοιτε (*vous gémissez*), — ὤξεις, ὑπνώσσεις (*vous poussez des cris, vous dormez*). Le vers 53, lui-même, que nous citons plus haut, prouve que *ronflement* se dit ρεγκός, tandis que les annotations du texte, μυγμός, ὠγμός, signifient *murmure, cri, exclamation*.

Du reste, M. Patin croit si peu, en réalité, que les ronflements des Furies soient indiqués dans les vers d'Eschyle, que, dans la traduction en excellente prose du monologue de Clytemnestre, qu'il donne à la suite de ses remarques, il ne tient même pas compte des annotations qu'il discute, et les passe tout à fait sous silence.

M. Pierron, un des plus récents traducteurs d'Eschyle, et l'un des plus distingués, n'en a pas jugé ainsi. A notre grande surprise, il a trouvé que ce serait trop peu que de reproduire les annotations du texte, même en leur donnant leur sens le plus forcé ; il les a mises en dialogue : selon lui, le texte ne dit pas seulement que les Furies ronflent, mais de quelle sorte sont leurs ronflements [1] ; de sorte, que dans sa version, le fameux monologue de Clytemnestre devient une scène dialoguée où les Furies répondent tour à tour : *Hon! hon! — Oh! oh!* Nous citerons ce passage :

CLYTEMNESTRE.

... Entendez-vous les plaintes de mon ombre? Reprenez vos sens, déesses de l'enfer. C'est moi, c'est le fantôme de Clytemnestre qui vous appelle.

LE CHOEUR.

Hon ! hon !

L'OMBRE DE CLYTEMNESTRE.

Grognez! grognez! et le coupable se sauve, et il est bien loin. Seuls, les dieux de Clytemnestre n'écoutent pas leurs suppliants.

---

[1] *Théâtre d'Eschyle*, traduit en prose par Alexis Pierron. (Voyez la note, p. 272.)

LE CHOEUR.

Hon! hon!

L'OMBRE DE CLYTEMNESTRE.

Ah! c'est trop dormir; c'est trop peu compatir à mes peines. Oreste fuit, mon assassin, l'assassin de sa mère!

LE CHOEUR.

Oh! oh!

CLYTEMNESTRE.

Oh! oh!... Encore dormir! Debout! debout! Eh! ne sais-tu faire que le mal?

LE CHOEUR.

Oh! oh!

CLYTEMNESTRE.

Le sommeil, la fatigue se sont conjurés. Ces affreux serpents ont perdu toute leur rage.

LE CHOEUR.

Oh! oh! (D'un ton aigu.) Oh! oh! — Arrête, arrête, arrête, arrête! Prends garde!

PIERRON, *Théâtre d'Eschyle*, traduction nouvelle.

Résumons-nous : le principal caractère de la scène d'Eschyle, c'est la grandeur ; cette scène est noble, pathétique, terrible. Si nos lecteurs peuvent la reconnaître dans le curieux passage que nous venons de citer, nous nous en féliciterons pour le digne traducteur, qui a été si souvent mieux inspiré.

Page 58.

> Ne remplissez plus l'air de ce souffle de sang ;
> Gardez ce feu vengeur pour l'effroi du méchant :
> Suivez-le ; desséchez, consumez le perfide ;
> Attachez la torture aux flancs du parricide !
> (L'ombre disparaît.)

On sait que M. Alex. Dumas a fait représenter en 1856, au théâtre de la Porte-Saint-Martin, une imitation de *l'Orestie* d'Eschyle [1]. Cette scène de l'apparition de l'ombre de Cly-

---

[1] *L'Orestie*, tragédie en 3 actes et en vers, imitée de l'antique, par Alexandre Dumas, avec cette dédicace : *Au peuple.* In-12, 1856.

temnestre devant les Euménides endormies y est ainsi
rappelée :

> Tu dors, fille d'Enfer ; tu dors, triple Euménide ;
> Allons, réveille-toi ! Alerte, au parricide !...
> Je croyais qu'il n'était pour toi ni nuits, ni jours,
> Que sur les meurtriers ton œil veillait toujours,
> Et que du fouet vengeur les poursuivant sans trêve,
> Ils ne connaissaient plus de repos, même en rêve !
> Alerte! Vois-tu pas dans l'ombre de la nuit,
> Libre de son lien, ton prisonnier qui fuit?...
> Seule entre tous les morts serai-je négligée ?
> Je suis le spectre errant de la mère égorgée...
> Regarde la blessure où ruisselle le sang.
> L'esprit a, quand il dort, le regard plus perçant...
> Ecoute... et t'accusant, cette bouche funeste
> Demande : Qu'as-tu fait du parricide Oreste?
> Tiens; le vois-tu là-bas? pieds et bras déliés,
> Bondissant comme un faon qui franchit les halliers,
> Il va dans un instant disparaître au bois sombre...
> Sus, sus!... N'entends-tu pas les plaintes de mon ombre?
>
> L'EUMÉNIDE, rêvant.
>
> Arrête!... arrête... arrête!...
>
> L'OMBRE.
>
> Inutiles abois !
> Pareils à ceux du chien qui rêve qu'en un bois
> Il poursuit le gibier d'une course impuissante,
> Et qui ferme les dents sur une proie absente !
> Allons!... allons, debout! Assez dormir, va, cours!
> Seuls, entre tous les dieux, les miens seront-ils sourds?
> Mais ton prisonnier fuit ; ton prisonnier t'outrage!
> Tes serpents ont-ils donc perdu toute leur rage?
> Oh! d'indignation mon sang revit et bout!
> Allons, filles du mal, debout! debout! debout!
>
> (Elle rentre en terre.)
>
> ALEX. DUMAS (l'Orestie).

Page 38.

> Lève-toi ; je t'éveille... Alerte ! Eveille-la!

Ἔγειρ', ἔγειρε καὶ σὺ τήνδ', ἐγὼ δὲ σέ.

Littéralement : « Eveille, éveille celle-ci; moi, je t'éveille. »

Quelques commentateurs ont conclu de ce vers que les
Furies n'étaient qu'au nombre de trois, conclusion un peu
forcée, et, selon nous, abusive. Disons cependant que dans
l'Oreste d'Euripide, le meurtrier ne se voit poursuivi que
par les trois Furies traditionnelles, comme il apparaît clai-
rement dans ce passage de la belle scène où Ménélas interroge Oreste sur les tourments qu'il endure :

MÉNÉLAS.

Quand cette fureur t'a-t-elle saisi ? Quel jour ?

ORESTE.

Le jour où j'ai mis ma malheureuse mère au tombeau.

. . . .

MÉNÉLAS.

Et quels sont les fantômes qui troublent ainsi ton repos?

ORESTE.

Je crois voir trois filles semblables à la nuit.

Oreste, d'EURIPIDE.

Page 40.

> Vous dans un temple !... Il faut, pour de tels habitants,
> Ces lieux, séjour du crime et des avortements,
> Où les yeux arrachés pendent de leur orbite,
> Où des corps mutilés la chair saigne et palpite.

. . . .

M. Alex. Dumas a imité ce passage dans sa tragédie de
l'Orestie. On comprendra pourquoi, dans ce travail de rapprochements et d'études comparatives, lorsqu'il s'agit de
poëtes contemporains, nous nous bornons à citer, laissant
l'appréciation à nos lecteurs :

> En attendant, objet des mortels exécré,
> Ne souille plus l'abord de mon parvis sacré,
> Ou crains pour te punir que mon carquois épanche
> Le trait rapide et sûr, serpent à l'aile blanche,
> Qui te fera jeter, dans ton cœur s'enfonçant,
> Ta vénéneuse écume et vomir tout le sang
> Que tes lèvres ont bu, depuis que dans l'abîme
> Le meurtre te jeta sa première victime !
> Que viens-tu faire ici? Ton empire est ailleurs.
> Va parmi les bourreaux, parmi les tenailleurs

Qui torturent les chairs dans le champ des supplices.
La douleur fait ta joie et la mort tes délices.
Ce n'est point dans ce temple aux prophétiques murs
Que vous devez chercher un chevet, fronts impurs!
C'est dans l'antre sanglant, dans la caverne sombre,
Où se traîne en rampant le tigre, ami de l'ombre.
Erre donc sans berger, loin du toit protecteur,
Troupeau, dont aucun dieu ne veut être pasteur!

ALEX. DUMAS (l'Orestie, acte III).

Page 45.

Je puis donc invoquer d'une chaste prière
Minerve, souveraine en cette noble terre :
Qu'elle m'exauce!... Athène obtiendra sans combats
Argos, son territoire, et ses fils pour soldats,
Moi le premier... etc.

A l'époque où fut représentée la tragédie des *Euménides*, l'alliance toute récente qu'Athènes avait contractée avec Argos occupait une grande place dans les préoccupations publiques.

Eschyle, dans ses ouvrages (et en cela ses successeurs l'ont imité), n'a jamais négligé la séduction si puissante de l'allusion politique, en même temps qu'il mettait en œuvre l'intérêt moins direct et moins saisissable pour les masses de l'allégorie et du symbolisme moral.

Ce passage a encore été rappelé par M. Alex. Dumas dans son *Orestie* :

O Minerve, Apollon m'a promis ton secours!
Je t'appelle à grands cris ; accours, Minerve, accours!
Accours ! et je te donne Argos avec Mycènes,
Mon royaume, vallons, lacs, monts, forêts et plaines,
Esclaves, paysans, citoyens, chefs et roi ;
Mais accours sans retard ! A moi, Minerve, à moi !

ALEX. DUMAS (l'Orestie, act. III).

Page 46.

Formons nos chœurs; entourons l'homicide
    Et chantons l'hymne détesté!
Qu'il sache quelle loi nous guide,

Lorsqu'aux destins humains préside
Notre conseil redouté !

Ce chant célèbre, qui a été souvent cité comme l'un des
chefs-d'œuvre de la poésie antique, devait contribuer, pour
une grande part, à l'impression de terreur que produisait
la représentation des *Euménides*. C'était, en effet, un effroya-
ble spectacle, en même temps qu'une énergique peinture
du remords et de son indissoluble étreinte, que ce spectacle des Furies enlaçant le criminel de leur cercle impéné-
trable, l'enveloppant de leurs chants sinistres, de leur danse
infernale, et le liant à son supplice comme par une magique
fascination. Aussi l'hymne d'Eschyle a-t-il été consacré sous
le titre d'*Hymne des chaînes* (ὕμνός δέσμιος).

Page 48.

Sans robe blanche ni parure,
Sous un lugubre vêtement,
Nous apparaissons au parjure
Qui frappe un ami confiant.

Dans toute l'antiquité, le *noir* fut toujours la couleur du
deuil et de la mort; Platon, dans ses lois, veut qu'on mette
des habits blancs dans toutes les cérémonies religieuses et
dans les occasions solennelles. Eschyle, le créateur du cos-
tume théâtral, et auquel plus tard la religion (comme nous
l'avons fait remarquer dans notre notice) emprunta les
longues robes traînantes dont il avait revêtu ses acteurs,
avait lui-même emprunté souvent la forme et les couleurs
des vêtements tragiques aux pompeuses cérémonies d'ini-
tiation des mystères de Cérès, à Eleusis : Athénée du moins
nous l'assure. On peut donc imaginer ce que devait pro-
duire de surprise et d'épouvante l'apparition des Furies
vêtues de noir sur le théâtre, qui était regardé comme un
temple de Bacchus, et où les acteurs et le chœur rivali-
saient d'habitude pour la richesse et la variété des costumes.
Aussi la Pythie, lorsqu'elle sort du temple où elle vient de
voir les Furies, s'écrie-t-elle avec horreur, et comme pour

préparer le public à un spectacle si étrange et si terrible :

Noires comme la nuit, l'horreur plane autour d'elles [1] !

Quant au vêtement des Furies, d'après de nombreux témoignages, on doit supposer qu'il consistait en une espèce de tunique très-étroite et tombant jusqu'aux chevilles. Comme, selon l'usage d'alors, ce vêtement ne couvrait ni les bras, ni les épaules, il faut supposer que ces parties du corps étaient noircies. Bœttiger [2] appuie cette conjecture de la découverte d'un vase antique où Oreste est peint assis sur un autel, les mains liées sur le dos et la tête placée entre les genoux. On voit sortir de la terre, sous l'autel, une Furie noire menaçant le coupable d'un serpent. Pour le reste, on peut se représenter les Furies d'Eschyle avec un masque de Gorgone parsemé de taches sanglantes, des serpents dans les cheveux, et probablement aussi à la ceinture, une chaussure lacée jusqu'à mi-jambe (telle que celle des chasseresses Crétoises qu'on voit sur beaucoup de monuments antiques), et dans la main droite, la torche ou le flambeau, attribut ancien et caractéristique de l'*Erinnys*. Ce dernier point cependant a été plusieurs fois contesté, et l'on a placé souvent dans la main des Furies, soit la flèche et l'arc, attribut de ces chasseresses impitoyables, poursuivant le criminel comme une bête fauve, soit le bâton long et droit (ῥάβδος), ce symbole de la tragédie, qui était aussi l'emblème du pouvoir judiciaire, et qui, dans la main des Furies, indiquait la divinité vengeresse, préposée au châtiment.

Page 50.

Vos cris ont retenti jusqu'aux bords du Scamandre,
Sol sacré que des Grecs les rois m'ont réservé,
Sur les biens des vaincus noble don prélevé,
Et dont ils m'ont légué l'éternel héritage
Aux enfants de Thésée assuré d'âge en âge.

Cet héritage, légué par les anciens chefs des Grecs aux

[1] Voyez le *Prologue*, p. 33.
[2] *Les Furies, d'après les poëtes et les artistes anciens*, par [Bœtti-

enfants de Thésée, c'est-à-dire aux Athéniens, en la personne de leur déesse protectrice, ne leur appartenait plus
à l'époque où Eschyle faisait représenter *les Euménides*.
Cette ville de Sigée, où Minerve avait un temple [1], était devenue la conquête des Mityléniens. Ce n'est donc pas un
regret stérile que le poëte veut inspirer à ses concitoyens ;
c'est un conseil qu'il leur donne, par la bouche de Minerve
elle-même, de revendiquer leur ancienne possession et de
remettre la main sur un territoire que le destin des armes
leur avait ravi. Il ne faut pas oublier que la politique et la
religion étaient l'âme des compositions d'Eschyle, et que
dans *les Euménides* surtout il fait une large part à ces [deux
principes qui l'ont toujours dirigé : surexciter le sentiment
national, épurer le sentiment religieux.

Page 53.

> Trop grave est ce procès pour qu'un homme en décide.
> Moi-même, puis-je donc absoudre l'homicide ?
> . . . .

Ici encore nous retrouverons l'imitation d'Eschyle dans
l'Orestie de M. Alex. Dumas, et nous suivrons avec lui, jusqu'à l'endroit où il s'en sépare, les traces du poëte antique :

MINERVE.

> Nul mortel n'oserait, fût-ce Minos lui-même,
> Rendre entre Oreste et vous un jugement suprême.
> Jupiter pense donc que l'arrêt vaudra mieux,
> Emanant à la fois des hommes et des dieux.
> Quant à moi, je ne puis, déesse trop rigide,
> Repousser qui chercha l'ombre de mon égide.
> Je sais que, noirs huissiers des arrêts de l'Enfer,
> Vous les exécutez avec des mains de fer !

ger ; Weimar, 1801. — Traduction française, par Winckler, employé
au cabinet des antiques de la Bibliothèque nationale. Paris, Dela-
lain, 1802.

[1] Voyez HÉRODOTE, liv. V, 95. C'est dans ce temple, dit l'historien, que les Athéniens consacrèrent à la déesse le bouclier conquis
par eux sur le poëte Alcée.

Mais si des temps futurs j'ai compris la pensée,
Des implacables dieux je crois l'ère passée,
Et que du jugement que nous allons porter
Désormais plus clémente une autre va dater.

L'Aréopage est convoqué ; les vieillards se placent, et Minerve continue :

. .· . . . .
Héraut, fais ton devoir : que la trompette sonne ;
Que du seuil de ce temple on n'écarte personne,
Car l'arrêt qui sera dans un instant porté
Est celui qu'à genoux attend l'humanité ;
Vieillards, place en vos rangs où l'équité réside ;
Les débats sont ouverts et Minerve préside.

ORESTE.

Mon père, défends-moi ; sors de la tombe... sors

L'EUMÉNIDE.

Assassin de sa mère, il compte sur les morts !

UN VIEILLARD.

La parole est à toi, déesse accusatrice ;
Parle donc la première.

MINERVE.

A tous il faut justice ;
D'abord à l'accusé je dois un défenseur.
Homme ou dieu, qui défend Oreste ?

ÉLECTRE, paraissant.

Moi, sa sœur !

Comme on le voit, le poëte moderne apporte ici un élément nouveau dans le drame d'Eschyle. Ce n'est plus Apollon qui défend Oreste ; c'est Électre qui apparaît tout à coup pour assumer sur elle l'entière responsabilité du crime et pour sauver le frère qu'elle chérit.

Puisque nous parlons des imitations d'Eschyle, nous ne passerons pas sous silence un essai dramatique assez curieux qui a paru en 1786, sous ce titre : *Oreste et les Furies*, mélodrame en trois scènes, avec cette épigraphe : *Furiis agitatus Orestes* (VIRGILE). Cette pièce, qui, je crois, n'a jamais été représentée, est d'un auteur dramatique et poëte assez médiocre de la fin du dernier siècle, Cubières-Palmézeaux, connu aussi sous le nom de Dorat-Cubières, à cause de l'amitié qui l'unissait à Dorat et de l'admiration qu'il avait vouée aux ouvrages de ce poëte, aujourd'hui si oublié.

On appelait alors *mélodrame* une ou plusieurs scènes de prose déclamée, accompagnée, par instants, de musique instrumentale. Le succès du *Pygmalion* de J.-J. Rousseau avait mis à la mode ce genre bâtard qui devait jeter sur notre sol dramatique de si fécondes racines et de si luxuriants rejetons.

Dans la préface qui précède son mélodrame, l'auteur s'élève avec une indignation véhémente contre l'acquittement d'Oreste dans *les Euménides.* Cubières-Palmézeaux a refait Eschyle. Nous citerons la dernière scène de ce curieux monument du théâtre à la fin du siècle dernier, parce que cette bizarre conclusion du petit drame qui nous occupe ne manque ni d'originalité, ni d'effet théâtral, et qu'il faut reconnaître le bien partout où il se trouve, fût-ce chez Cubières-Palmézeaux.

SCÈNE III ET DERNIÈRE.

(Le théâtre représente des roches escarpées où gravit Oreste, suivi par les Furies qui les gravissent aussi.)

ORESTE, LES FURIES.

ORESTE.

Rien ne pourra donc jamais me délivrer des Furies !... J'ai couru, après mon crime, me réfugier dans le bois consacré à la fille d'Inachus et qui avoisine Mycènes, et les Furies m'ont suivi dans le bois consacré à la fille d'Inachus et qui avoisine Mycènes. J'ai pénétré dans les temples d'Apollon, de Junon et de Minerve, et les Furies m'ont suivi dans les temples d'Apollon, de Junon et de Minerve. Le palais des rois d'Argos m'a revu sous ses portiques, et les Furies m'ont suivi sous ses portiques. Me voilà maintenant sur des roches escarpées, errant de précipices en précipices. Neptune baigne de ses flots le pied de cette montagne : voyons si elles me suivront dans les flots de Neptune. (Il lève les yeux au ciel.) Soleil ! tu peux te montrer, s'il est vrai que, de peur de me voir, tu aies voilé ton visage !

(Il se précipite dans la mer et les Furies s'y précipitent avec lui.)

Page 56.

La liberté sans frein, plus d'un malheur l'expie,
Et le pouvoir sans lois, c'est un pouvoir impie ;
    Fuyons ce double écueil !

On ne peut douter de l'intention politique qui dictait ces vers à Eschyle et de l'allusion qu'ils renferment. A l'époque de la représentation des *Euménides*, Périclès, déjà tout-puissant, cherchait à détruire l'autorité de l'Aréopage et avait trouvé un ardent auxiliaire dans Ephialtes : ce démagogue fougueux, mais peu sincère, avait cherché, dans l'intérêt du maître qu'il servait, à soulever le peuple d'Athènes contre ce tribunal vénéré qui veillait avec autant de zèle que de courage au maintien de la constitution de Solon [1]. La tentative criminelle d'Ephialtes ne fut pas sans châtiment ; il fut trouvé tué dans sa maison. L'agitation et le trouble qu'avaient excités dans la république les dangereuses innovations de Périclès et d'Ephialtes, le danger sérieux que la vraie liberté avait couru, inspirèrent sans doute à Eschyle, partisan déclaré de l'ancienne constitution d'Athènes et de ses lois, l'idée de rattacher au sujet des *Euménides* la fondation de l'Aréopage et de donner ainsi à ce tribunal auguste, conservateur de la liberté et soutien des mœurs, le prestige d'une consécration divine.

Page 58.

. . . . . . Veux-tu répondre sans détours ?
Parole pour parole... As-tu tué ta mère ?

. . . .

Ce dialogue d'Oreste et des Euménides a été traduit par Lemercier, dans son *Cours analytique de littérature générale* [2]. Je cite ce morceau qu'il ne m'appartient pas de juger :

L'EUMÉNIDE.
Défends-toi, si tu peux : as-tu tué ta mère ?
ORESTE.
Je l'immolai moi-même et n'en fais nul mystère.
L'EUMÉNIDE.
Déjà, c'est avouer ta chute en ce combat.
ORESTE.
Attendez à me voir sortir de ce débat.

[1] Voyez PLUTARQUE (*Vie de Périclès*, chap. VII et IX) ; DIODORE DE SICILE, liv. XI, 77.
[2] T. Ier, p. 269.

L'EUMÉNIDE.

Déclare-nous comment ta mère fut frappée.

ORESTE.

Cette main dans sa gorge enfonça mon épée.

L'EUMÉNIDE.

Qui te le conseilla? Quel pouvoir? Quel démon ?

ORESTE.

L'ordre sacré d'un dieu ; j'en atteste Apollon !

L'EUMÉNIDE.

Son organe aurait-il prescrit un parricide?

ORESTE.

Je fus soumis au sort et rien ne m'intimide.

L'EUMÉNIDE.

Le glaive humiliera l'orgueil de tes discours.

ORESTE.

Les mânes paternels viendront à mon secours.

L'EUMÉNIDE.

Invoques-tu les morts, meurtrier d'une mère?

ORESTE.

Deux crimes dans la mienne ont forcé ma colère.

L'EUMÉNIDE.

Deux crimes? Quels sont-ils? prouve-les devant nous.

ORESTE.

Ensemble elle égorgea mon père et son époux.

NÉP. LEMERCIER.

Page 62.

Je dois montrer enfin cette part inégale
De la mère et du père : en son sein renfermé,
La mère abrite un germe; un autre l'a semé.
Lui seul crée et produit; si nul dieu n'est contraire,
Elle sauve le fruit, gardienne hospitalière.

Euripide, dans sa tragédie d'*Oreste*, exprime la même pensée :

« Je suis frappé de respect à la vue de tes cheveux blancs (dit Oreste à Tyndare, au père de Clytemnestre qui vient de lui reprocher amèrement son crime). Mais que devais-je faire? Comprends bien cette différence : mon père m'a engendré, et ta fille m'a mis au jour, comme une terre reçoit la semence qu'un autre lui confie ;

mais sans père il n'y aurait pas d'enfant. J'ai donc conclu que je devais défendre l'auteur de ma naissance, plutôt que celle qui m'a nourri. »

Oreste, d'EURIPIDE.

On prétend qu'à ces mots d'Oreste : « Sans père, il n'y aurait pas d'enfant, » une voix s'écria parmi les spectateurs : « Et sans mère, infâme Euripide ! » On ne dit pas qu'en entendant la même pensée exprimée dans *les Euménides*, aucun spectateur ait pris la défense des mères et interpellé en termes semblables *l'infâme Eschyle*. Est-ce parce que ce dernier poëte a mis prudemment dans la bouche d'Apollon, dans la bouche d'un dieu, les paroles si mal accueillies dans celle du coupable, dans celle d'Oreste lui-même? Ou faudrait-il en conclure que la tragédie d'*Oreste* étant postérieure de cinquante années environ à celle des *Euménides*, la philosophie d'Anaxagore, à laquelle cette singulière doctrine est empruntée par les deux poëtes, jouissait au temps d'Eschyle d'une faveur qu'elle aurait perdue au temps d'Euripide? Serait-ce plutôt, et nous inclinerions pour cette dernière supposition (tant nous attachons d'importance à la forme), qu'Eschyle a présenté sous de nobles et poétiques couleurs l'idée exprimée par Euripide avec une crudité singulière ?

Page 64.

> Le droit seul régnera, pourvu qu'un peuple sage
> Ecarte de ses lois tout impur alliage.
> . . . .
> Dans ce saint tribunal, par vous tous respecté,
> Athène a pour jamais un rempart tutélaire,
> Qu'à mon peuple enviera toute terre étrangère...

En rapprochant ce passage de celui que nous avons déjà cité (page 56, chœur des *Euménides*) :

> La liberté sans frein, plus d'un pouvoir l'expie,
> Et le pouvoir sans lois, c'est un pouvoir impie,
> . . . .

on ne peut conserver le moindre doute sur la patriotique intention d'Eschyle d'exhorter ses concitoyens à maintenir le tribunal ébranlé par de dangereux agitateurs, menacé par Périclès lui-même, et dont il rappelle ici avec tant d'éloquence l'institution divine. L'*altération des antiques lois*, contre laquelle il veut prémunir Athènes, était précisément l'arme puissante à l'aide de laquelle Périclès et ses adhérents voulaient détruire tout pouvoir modérateur, anéantir toute légitime influence, et régner sans contre-poids.

Page 71.

> En ces lieux, près de moi, des pieux sacrifices,
> Aux fêtes de l'hymen, vous aurez les prémices,
> Et vous m'applaudirez, heureuses à jamais
> D'écouter mes conseils de concorde et de paix.

Comme nous l'avons dit dans l'avant-propos [1], Sophocle fait remonter à une époque bien antérieure la présence des Euménides à Athènes et le culte dont elles y étaient honorées, puisque, dans sa tragédie d'*OEdipe à Colone*, il les représente ayant un temple à Colone, du temps de Thésée. Quoi qu'il en soit, cet accord des deux poëtes sur le rôle important que jouaient ces divinités dans la liturgie religieuse des Athéniens est corroboré par le témoignage de la plupart des poëtes et historiens de l'antiquité. Que les Euménides fussent adorées à Athènes, soit dans le bois sacré, près de Colone, selon la version de Sophocle; soit dans une grotte sacrée, près de l'Aréopage, selon celle d'Eschyle, elles trouvaient leur place dans le culte d'Athènes, auprès de Jupiter Sauveur et d'Apollon. A en croire Aristophane, dans sa comédie des *Chevaliers*, leur temple était un asile pour les esclaves poursuivis par leurs maîtres. Les jeunes époux leur sacrifiaient, ainsi que les adolescents, au moment d'entrer dans l'âge de la jeunesse. Dans tous les serments et dans les malédictions solennelles, on invoquait leurs noms, on prenait à témoin les *augustes*, les *vénérables* (σεμναὶ θεαί). La ville

---

[1] Note, page 20 (*Avant-propos et Notice*).

d'Athènes était regardée dans l'antiquité comme placée sous la protection spéciale des *Euménides* ; aussi, s'il faut en croire Diodore de Sicile [1], Néron, lorsqu'il eut tué sa mère, n'osa pas aller à Athènes, double hommage rendu par le meurtrier et aux Athéniens et au génie d'Eschyle.

Page 79.

> Soyez douces à ce rivage !
> Que votre cœur s'émeuve à ces mille clartés,
>   A ces respects, à cet hommage !
>   (Au peuple.)
>   Vous, sur notre passage,
>   Applaudissez, chantez!

On peut supposer qu'en ce moment, à l'hymne pieux qui retentissait sur la scène, aux chants de ce brillant cortége de femmes, de jeunes filles, revêtues de pourpre et agitant des torches dans leurs mains, répondaient des gradins de l'amphithéâtre et des rangs mêmes du peuple de bruyantes et vives acclamations : « Il faut le remarquer, dit M. Patin, comme un témoignage du caractère national qu'avait chez les Grecs la tragédie, de l'intérêt vivant attaché à ces représentations, les spectateurs faisaient ici partie du spectacle ; de témoins, ils étaient devenus insensiblement acteurs. »

Il faut ajouter qu'une procession solennelle avait lieu chaque année à Athènes en l'honneur des *Euménides*. Aussi Eschyle flattait-il le sentiment populaire en faisant instituer par Minerve elle-même la première de ces processions [2]. Cette solennité devait être entourée du plus grand éclat, du plus imposant appareil, puisque, d'après un passage remarquable de Philon, on y apportait en grande pompe aux déesses *des gâteaux sacrés*, cuits par les jeunes gens des plus nobles familles, qui se disputaient l'honneur de ce pieux hommage. On convoquait pour prendre part à cette proces-

---

[1] DIODORE DE SICILE, LXIII, 14.

[2] Voyez l'ouvrage que nous avons déjà cité : *Les Furies d'après les poëtes et les artistes anciens*, par Bœttiger, p. 88.

sion annuelle, dix sacrificateurs (ἱεροποιοί), choisis parmi les premiers magistrats d'Athènes : Démosthènes, dit-on, y figura. On voit combien le brillant, le religieux spectacle qui terminait la sévère et terrible tragédie d'Eschyle répondait à tous les sentiments du public athénien ; combien il devait provoquer ses sympathies les plus vives, et l'associer d'une manière irrésistible à l'action qui se passait sur la scène.

FIN DES REMARQUES SUR LES EUMÉNIDES.

Paris. — Typographie Hennuyer, rue du Boulevard des Batignolles, 7.

www.ingramcontent.com/pod-product-compliance
Lightning Source LLC
Chambersburg PA
CBHW052152090426
42741CB00010B/2233